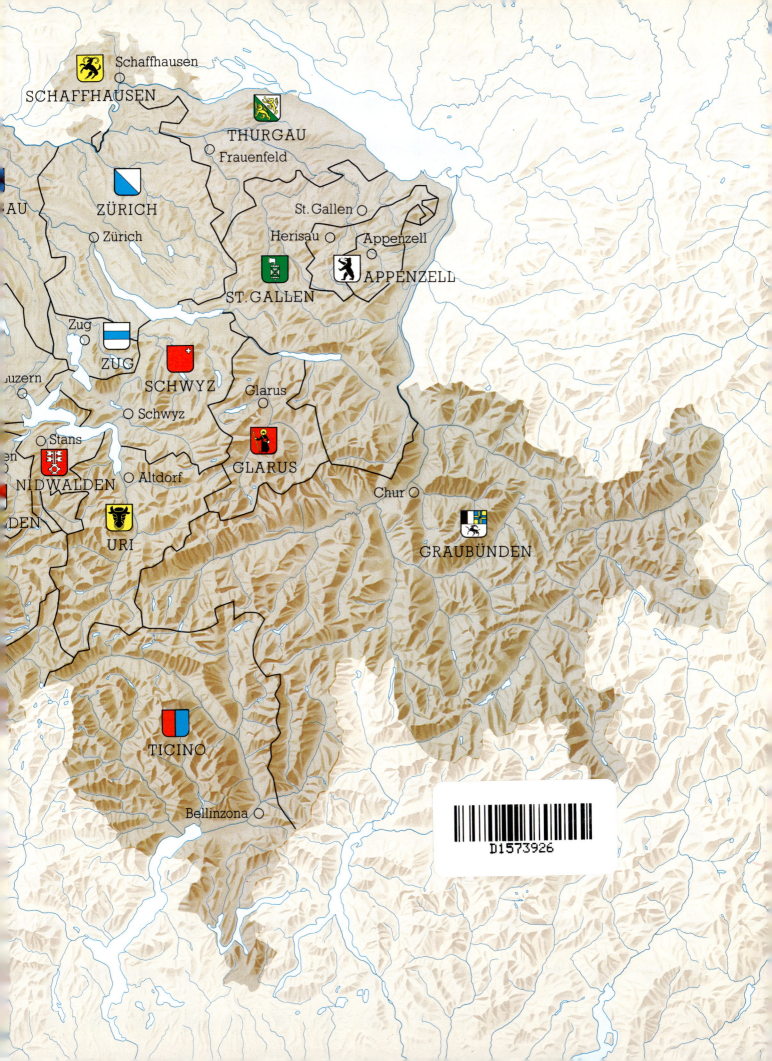

Eine Auswahl von Rezepten...

...und von einheimischen Produkten...

...sowie landschaftliche Aspekte und traditionelle Gastlichkeit

FRETZ VERLAG

© Nestlé Produkte AG, Vevey/Schweiz
© Lizenzausgabe für den Fretz Verlag, Zürich, 1986
ISBN 3 85692 020 X

KOCHKUNST UND TRADITION IN DER SCHWEIZ ist nicht einfach ein neues Exemplar helvetischer Kochfibeln auf einem ohnehin leicht übersättigten Markt. KOCHKUNST UND TRADITION IN DER SCHWEIZ ist vielmehr ein Spiegel schweizerischer Esskultur. Um dieses Ziel zu erreichen, durften wir auf das wertvolle Fachwissen von führenden Persönlichkeiten auf dem Gebiet der Gastronomie zurückgreifen. Vornehmlich ihrer Unterstützung verdanken wir dieses aussergewöhnliche Buch. Aussergewöhnlich deshalb, weil hier die Echtheit der Rezepte im Vordergrund steht, Rezepte, die der traditionsreichen Vergangenheit und der regionalen Vielfalt der Schweiz Rechnung tragen. Rezepte aus anderen Ländern wurden ausgelassen, nicht aus Engherzigkeit, wohl aber im Bestreben, eine grösstmögliche Anzahl unverfälschter Schweizer Gerichte zusammenzutragen. Die Essgewohnheiten eines Volkes sind stets von den geographischen Voraussetzungen seiner Heimat geprägt. Gleichzeitig nüchtern und erhaben, rauh und sanft, gemässigt und masslos zeigen sich nicht nur unsere Berge, sondern auch unsere ebenso einfachen wie üppigen Speisen. Ihre Grundprodukte sind der glanzvolle Schlusspunkt einer von der Natur bestimmten Entwicklung: Im Gebirge entspringen die Bäche, Flüsse und Seen, die uns eine Fülle an köstlichen Fischen bescheren. Auf den saftigen Weiden unserer Alpen bildet sich im Euter der Kuh eine gehaltvolle, fette Milch; bereits unsere Vorfahren haben sie im Hinblick auf einen strengen Winter konserviert und damit eine reiche Palette von Käsesorten geschaffen, um die uns heute die Welt beneidet. Die Schweizer Küche ist ebenso bescheiden und kräftig wie die Bauern und Bergler, die sie im Verlauf der Jahrhunderte hervorgebracht haben. Noch heute begnügen sich die Talbewohner häufig mit einer Mahlzeit, die aus einem einzigen Gericht, einer Suppe oder auch nur einem Dessert besteht – doch ist dieses Gericht stets die Reise wert. Die reich illustrierte Dokumentation über die verschiedenen Aspekte der in der eidgenössischen Gastronomie herrschenden Sitten und Bräuche sollen es dem Leser ermöglichen, das fertige Gericht authentisch zu präsentieren. Deshalb wurde auch der photographischen Wiedergabe der Gerichte aussergewöhnlich grosse Aufmerksamkeit geschenkt.

Eine Auswahl von Rezepten

Vorspeisen und Zwischengerichte

Den Auftakt zu einer gelungenen Mahlzeit bilden in der Schweiz neben einer Fülle von ausgezeichneten Wurstwaren und Trockenfleisch häufig nahrhafte, warme Vorspeisen in Form von Krapfen, Pastetchen, würzigen Kuchen und Brotschnitten.

Sie bringen die besten Erzeugnisse des einheimischen Bodens zur Geltung, insbesondere Pilze wie Eierschwämme, Morcheln oder Steinpilze, die von Frühling bis Herbst reichlich in unseren Wäldern gedeihen und die frisch verzehrt oder getrocknet werden, damit sie bis tief in den Winter hinein genossen werden können.

Dass bei der Zubereitung von Vorspeisen auch der Käse eine bedeutende Rolle spielt, versteht sich von selbst. Gibt es ein treffenderes Bild einfachen, alltäglichen Glücks als eine Scheibe knuspriges Brot, auf dem geschmolzener Käse in tausend goldenen Bläschen brutzelt?

Oft werden Vorspeisen auch als kleiner Imbiss geschätzt, bei dem man sich vom Wandern, Jagen, Fischen, Skifahren oder ganz einfach Faulenzen erholt.

Suppen und Suppeneintöpfe

Wollen wir den Paläontologen Glauben schenken, wurde die Suppe zwar nach dem Feuer, doch vor dem Kochtopf erfunden. So kamen die Köche der Urzeit auf die gute Idee, ihre Produkte, vor allem Gemüse und Wurzeln, in eine mit Wasser gefüllte Felsmulde zu legen. In diese Mischung warfen sie Steine, die sie im nahen Feuer erhitzt hatten, und brachten damit die «Ursuppe» zum Kochen.

Hat sich seit diesen undenkbaren Zeiten wirklich so viel geändert? Die Methoden freilich sind kaum wiederzuerkennen — der «Geist» der Suppenmahlzeit jedoch ist sich gleich geblieben. Noch heute bildet die Suppe oder der Suppeneintopf ein gehaltvolles Gericht, um das sich die Familie versammelt.

Als ein Mosaik zahlloser Traditionen hat die Schweiz eine Vielfalt von Suppen zu bieten, die mit ihren köstlichen Aromen den Duft der Vergangenheit heraufbeschwören.

Fluss- und Seefische

Dank der beachtlichen Entwicklung im Bereich des Verkehrswesens wie auf dem Gebiet der Haltbarmachung sind seit geraumer Zeit fangfrische Meerfische auf den helvetischen Tischen anzutreffen.

Dass unsere Vorliebe dennoch den Süsswasserfischen gilt, mit denen uns die einheimischen Gewässer reichlich beschenken, zeigt unser kulinarisches Vermächtnis.

Zu unserem grossen Vergnügen hat die Forelle unsere unzähligen Wasserläufe, reissenden Bäche und schattigen Flüsse zur Heimat auserwählt.

In der Tiefe unserer Seen leben ebenfalls Coregonen wie Felchen und Balchen, die ein ausgesprochen feines Fleisch besitzen und ausschliesslich in den Alpen und in Finnland vorkommen.

In höheren Regionen hingegen üben die Saiblinge der Bergseen eine nahezu magische Anziehungskraft auf die Fischer aus. Besondere Beachtung verdient der Egli, der es an Geschmack durchaus mit den besten Meerfischen aufnehmen kann. Die verschiedenen Zubereitungsarten für Eglifilets, die in der einheimischen Küche den Vorrang geniessen, finden denn auch in allen Ländern der Welt Beifall.

Eine ganze Reihe von Gründen, Fischgerichte als ein besonders kostbares und charakteristisches Gut der Schweizer Küche anzuerkennen.

Fleisch- und Hauptgerichte

Geflügelfrikassee, marinierter Schafs- oder Wildbraten, Kaninchenpfeffer, Pasteten, Gratins, Nocken, Fleischfüllungen, Lauchgemüse und Ragouts — allein diese kleine Auswahl an Gerichten verrät die Merkmale helvetischer Kochkunst.

Nahrhaft und würzig gibt sie sich, diese vom Leben im Gebirge geprägte Küche: nahrhaft in der Wahl von Fleisch und Gemüse, würzig in der Zubereitung von Saucen und in der Zusammensetzung der Gewürze und Kräuter.

Ein Land, das wie die Schweiz erlesene Weine sowie qualitativ hochstehende Milchprodukte wie Butter und Rahm besitzt, hat bereits einen ersten, entscheidenden Schritt auf dem Weg zu einer hervorragenden Gastronomie getan.

Wenn auch die namhaften Feinschmecker der internationalen Küche das geschnetzelte Kalbfleisch an Rahmsauce zu den hundert besten Gerichten der Welt zählen, so beweist doch dieses Kapitel, dass manches andere Gericht diesen Ruhm ebenfalls verdiente.

Süss-Speisen und Gebäck

Wie die Einführung zu diesem Buch zeigt, beruht die kulinarische Tradition unseres Landes weitgehend auf seiner geographischen Beschaffenheit.

Der lange und harte Winter im Gebirge zwang unsere Vorfahren, sich reichhaltig zu ernähren, weshalb wohl bei uns die Süss-Speise oft aus einem üppigen Gebäck besteht.

Diese Backwaren sind fast ausnahmslos mit historischen oder religiösen Festen verbunden — es gibt keinen Kanton oder auch nur Bezirk, der nicht sein eigenes Festgebäck aufzuweisen hätte! Ob Torte, Kuchen, Krapfen, Zopf oder Keks, mit jedem Rezept wird ein lokales oder eidgenössisches Ereignis gefeiert.

Wahrhaft ein Vergnügen, die Geschichte eines Volkes auf den Spuren der Gastronomie zu entdecken!

Vorspeisen und Zwischengerichte

12 FÖRSTERSCHNITTEN
AUS DEM ENTLEBUCH

14 ZUCCHETTIKUCHEN
MIT MINZE

15 GLARNER
SCHABZIEGERNOCKEN

16 GEFÜLLTE ARTISCHOCKEN

18 BROTWÜRFEL MIT KÄSE
19 PILZ- UND KÄSESCHNITTEN

20 MALAKOFFS
KÄSEKRAPFEN «VINZEL»

21 TOMME PANIERT

22 TROCKENFLEISCH,
SPARGELN

24 SPINATNOCKEN

25 PASTETCHEN
MIT KANINCHENLEBER

27 SAUCISSON IM TEIG
RAMEQUINS MIT KÄSE

28 ORIGINAL
BÖLLETÜNNE
29 GEMÜSEWÄHEN

Suppen und Suppeneintöpfe

Fluss- und Seefische

30 ALPHÜTTENSUPPE

32 ZWIEBELSUPPE MIT KÜMMEL UND BROTWÜRFELCHEN
GRÜNE KRÄUTERSUPPE
REISSUPPE MIT KASTANIEN

44 FELCHEN MIT KRÄUTERN

46 JURASSISCHE FORELLEN-MOUSSE

34 BUSECCA

36 SCHWYZER RINDFLEISCHBRÜHE
37 GERÖSTETE MEHLSUPPE
GERSTENSUPPE

48 FISCHSUPPE STEIN AM RHEIN

51 RHEINSALM SPEZIAL NACH BASLER ART

39 LUZERNER FASTENSUPPE

41 KÄSESUPPE
THURGAUER KARTOFFELSUPPE
ENGELBERGER KLOSTERSUPPE

52 FELCHENFILET NACH RORSCHACHER ART

53 MARINIERTE FELCHEN

42 BERNER MÄRITSUPPE

55 FORELLE ODER SAIBLING MIT GRÜNEN TRAUBEN
SILBERFELCHENFILET AN KRÄUTERRAHMSAUCE

56 FELCHEN NACH LUZERNER ART
57 DREI ARTEN EGLIFILETS

FÖRSTER-SCHNITTEN AUS DEM ENTLEBUCH

Luzerner Rezept

Das Entlebuch, ein Bezirk des Kantons Luzern, war früher ein völlig unberührtes Tal, in dem nicht selten Bären und Wölfe hausten.

Für 5 Personen
Zubereitungszeit: 45 Minuten

5	Scheiben Schwarzbrot, getoastet
150 g	Rohschinken, in Scheiben
250 g	Emmentalerkäse, in Scheiben
400 g	Eierschwämme, Steinpilze und Austernpilze (je nach Saison gemischt oder einzeln)
1	Schalotte gehackt
40 g	Butter
20 g	Mehl
1 dl	Weisswein
1 dl	Bratensauce
1 dl	Rahm
	Majoran, Salz und frisch gemahlener Pfeffer aus der Mühle, wenig gehackte Petersilie
5	halbe Birnen, ungeschält, in Sirup gekocht

Zubereitung:
Die Brotscheiben mit Schinken bedecken.
Pilze und Schalotte in Butter andämpfen, würzen, mit Mehl bestäuben, Weisswein und Bratensauce dazugeben und 5 Minuten köcheln lassen. Majoran und Rahm beifügen, kurz aufkochen und abschmecken.
Drei Viertel der Pilzsauce über die Schnitten verteilen, je eine feine Scheibe Rohschinken und Käse darüberlegen und leicht gratinieren. Die restliche Pilzsauce darübergiessen. Mit Petersilie garnieren und mit den heissen, fächerförmig geschnittenen Birnen anrichten.

Anmerkung:
Eine gute Kochbirne verwenden.

Getränk: Riesling-Sylvaner oder Dorin Aigle.

VORSPEISEN UND ZWISCHENGERICHTE

ZUCCHETTI-KUCHEN MIT MINZE

Waadtländer  Rezept

Die Zucchetti gehört zu den Kürbisarten, die aus Indien stammen und später von den Aegyptern gezüchtet wurden. Die Idee, das Gemüse mit Minze zu kombinieren, verdanken wir Dioskurides, der diesem Gewürz aphrodisische Eigenschaften zuschrieb.

WAADTLÄNDER TRACHT AM WINZERFEST IN VEVEY

Für 6-8 Personen
Zubereitungszeit: 1 Stunde

400 g	geriebener Kuchenteig
3-4	kleine Zucchetti (insgesamt 600 g)
8	Minzblätter, in Streifen geschnitten
1 dl	Milch
2 dl	Rahm
2-3	Eier
50 g	Butter
	Salz, Pfeffer

Zubereitung:
Ein Kuchenblech von 22 cm Durchmesser mit Teig auslegen. Die in dünne Scheiben geschnittenen Zucchetti in Butter sorgfältig knackig dämpfen, würzen und leicht ausgekühlt auf dem Teig verteilen. Mit den Minzblätterstreifen bestreuen.
Milch, Rahm und Eier verquirlen, würzen und darübergiessen.
Im vorgeheizten Ofen bei 180°C rund 40 Minuten backen.

Anmerkung:
Der Minzgeschmack darf nicht dominieren.

Getränk: Dorin der La Côte.

GLARNER SCHABZIEGER-NOCKEN

Glarner Rezept

Das unverkennbare Aroma dieser Nocken beruht auf dem Schabzieger, einem rezenten, konischen Käse, der ausschliesslich im Kanton Glarus hergestellt wird. Er besteht aus Magermilch und zu Pulver zerstossenen Kräutern, wobei der berühmte «Ziegerklee» den Geschmack prägt.

Für 5 Personen
Zubereitungszeit: 45 Minuten

250 g	Mehl, gesiebt
200 g	Kartoffeln, geschwellt, geschält und gerieben
4	Eier
1,5 dl	Milch
100 g	Schabzieger, gerieben
80 g	Butter, zerlassen
	Salz und geriebene Muskatnuss
60 g	Weissbrotbrösel
1	Kaffeelöffel Oel

Zubereitung:

In einer Schüssel Mehl, Salz und Muskat gut mischen. Die Kartoffeln darunterziehen, mit einem Holzspachtel nach und nach Eier, Milch und Oel dazurühren. Eine Stunde ruhen lassen.

Klösschen abstechen und in siedendem Salzwasser pochieren.

In einer gebutterten Gratinplatte anrichten, dabei lagenweise mit Brösel und Schabzieger bestreuen. Zerlassene Butter darüberträufeln und im Ofen gratinieren.

N.B.: Die Kartoffeln wenn möglich am Vortag kochen.

Getränk: Ein Rotwein aus der Bündner Herrschaft, ein fruchtiger Gamay oder Pinot oder Riesling-Sylvaner aus der Ostschweiz.

GEFÜLLTE ARTISCHOCKEN

Genfer Rezept

Für 4 Personen
Zubereitungszeit: 1 Stunde

4	grosse Artischocken
1	Zitrone in Scheiben
150 g	Zuchtchampignons
150 g	Bündner Rohschinken, in Streifen geschnitten
1,5 dl	Doppelrahm
	Artischockensud: Zitrone, Weissmehl, Wasser, Salz und Pfeffer
30 g	Greyerzer, gerieben
30 g	Butter

Zubereitung:
Die Artischocken in 3/4 Höhe quer durchschneiden, Stiel herausziehen, die äusseren Blätter wegschneiden und Boden schön tournieren. Mit Zitronensaft einreiben. Im Artischockensud knackig kochen.

FÜLLUNG
Schinken und Champignons in Scheiben geschnitten in Butter leicht andämpfen, pfeffern (nicht salzen), Rahm beifügen und dann zu einer dicklichen Masse kochen.

Das Artischockenheu entfernen, die entstandene Vertiefung mit der heissen Masse füllen, mit Käse und Butterflocken bestreuen und im Salamander gratinieren.

Anmerkung:
Die Artischocken dürfen nicht zu weich gekocht werden.

Getränk: Perlan (Genfer Weisswein).

VORSPEISEN UND ZWISCHENGERICHTE

BROTWÜRFEL MIT KÄSE

Appenzeller  Rezept

Die Appenzeller, vorwiegend kleine Bergbauern, lebten während geraumer Zeit hauptsächlich von der Viehzucht. Die blühende Entwicklung in diesem Bereich der Landwirtschaft ist in erster Linie auf den berühmten Appenzellerkäse zurückzuführen, dessen Herstellung erwiesenermassen bereits vor nahezu achthundert Jahren bekannt war. Dieser ausgezeichnete Käse weist von allen Schweizer Käsesorten am meisten Fett auf und dient als Grundlage für zahlreiche kulinarische Köstlichkeiten.

Für 4-5 Personen
Zubereitungszeit: 30 Minuten

400 g	altbackenes Brot, in Würfel von 1,5 auf 1,5 cm geschnitten
80 g	Butter
200 g	Appenzeller Vollfettkäse, gerieben
200 g	Appenzeller Rässkäse, gerieben, Muskat, frisch gemahlener Pfeffer
1 dl	Rahm
50 g	Schnittlauch, fein geschnitten

Zubereitung:

Das Brot in Butter goldbraun rösten.
Die beiden Käse mischen und darüberstreuen.
In der Pfanne weiterbraten.
Den Rahm unter fleissigem Rühren beifügen, bis die Brotwürfel vom Käse umwickelt sind.
Würzen mit Pfeffer und Muskat und auf vorgewärmten Tellern anrichten, mit Schnittlauch bestreuen und sofort servieren.

Anmerkung:

Der Rässkäse kann durch vollfetten Appenzellerkäse ersetzt werden.

Getränk: helles Bier oder Most.

PILZ- UND KÄSE-SCHNITTEN

Verschiedene Kantone

Für 5 Personen
Zubereitungszeit: 20-30 Minuten

5	Scheiben Brot, geröstet in
80 g	Butter
	Weitere Zutaten gemäss Angaben

Zubereitung:

— *Pilzschnitten*, für die sich je nach Jahreszeit, Region und Phantasie des Kochs Zuchtchampignons, Morcheln, Eierschwämme, Steinpilze oder andere Pilzsorten einzeln und gemischt verwenden lassen, werden alle auf dieselbe Art zubereitet: fein geschnetzelte Pilze mit gehackter Schalotte in Butter dämpfen, mit Petersilie oder etwas frischem Thymian würzen, mit Weisswein oder Apfelwein ablöschen. Flüssigkeit einkochen, mit wenig Doppelrahm binden und über die gerösteten Brotscheiben geben.

— *Käseschnitten* sind als einfache, kleine Mahlzeit im Speiseplan jeder Schweizer Familie und der meisten Café-Restaurants zu finden. Das Brot wird mit Weisswein, Apfelwein oder wenig Milch beträufelt, mit einer 5 mm dicken Schicht Käse (Walliser, Greyerzer, Emmentaler, Tilsiter oder Appenzeller Käse) bedeckt und für einige Minuten in den heissen Ofen geschoben, bis der Käse geschmolzen ist. Dazu passen ein Salat oder Essiggurken. Die Schnitte kann ebenfalls mit einer Scheibe Schinken zwischen Brot und Käse bereichert werden. Gelegentlich wird auf die fertige Käseschnitte noch ein Spiegelei gegeben.

MALAKOFFS
KÄSEKRAPFEN «VINZEL»

Waadtländer  Rezept

Dieses berühmte Krapfenrezept wurde von Schweizer Söldnern der La Côte aus dem Krimkrieg heimgebracht. Sie hatten an der Schlacht bei Malakoff teilgenommen, die 1855 zur Eroberung von Sewastopol durch die Franzosen führte.

Für 4 Personen
Zubereitungszeit: 30 Minuten

600 g	rezenter Greyerzer gerieben
30 g	Mehl
2	Eier
1	Knoblauchzehe, fein gehackt
8	Scheiben Bauernbrot mit einer Form von 8-10 cm Durchmesser ausgestochen, Cayenne, Pfeffer, Muskat, wenig Weisswein, eine Spur Kirsch, Mixed Pickles, Essiggurken, eingelegte Perlzwiebeln, Oel für Fritüre

Zubereitung:

Käse, Mehl, Eier, Knoblauch, Gewürze, Weisswein und Kirsch zu einer festen, gleichmässigen Masse verarbeiten. Die ausgestochenen Brote damit kuppelförmig bestreichen und bei 180°C goldgelb fritieren.

Auf Krepp-Papier gut abtropfen lassen und sofort servieren. Essiggemüse dazu reichen.

Getränk: Dorin von Vinzel.

TOMME PANIERT

Waadtländer Rezept

Zweifellos werden auch in anderen Ländern der Welt tommeähnliche Käsesorten hergestellt; keine lässt sich jedoch mit dem Waadtländer Tomme vergleichen, der kalt oder warm gegessen mit seinem milden, cremigen Aroma und dem je nach Reifegrad leicht säuerlichen Geschmack einen ungetrübten Genuss verspricht.

Für 4 Personen
Zubereitungszeit: 15 Minuten

4	Waadtländer Tommes (nicht zu reif)
80 g	Butter
100 g	Weissbrotbrösel
1	Ei
	Kümmel, frisch gemahlener Pfeffer

Zubereitung:

Tommes durch das zerquirlte Ei ziehen, in Brotbröseln drehen und leicht anklopfen.

In geklärter Butter beidseitig 3-4 Minuten bei mittlerer Hitze goldgelb braten.

Auf heisse Teller anrichten. Nach Wunsch mit Kümmel und Pfeffer bestreuen.

Mit feinen Scheiben Roggen- oder Vollkornbrot servieren.

Anmerkung:
Sehr heiss auftragen!

Getränk: Weisswein der Lavaux oder Waadtländer Salvagnin Pinot-Gamay.

TROCKEN-FLEISCH, SPARGELN

Walliser Rezept

Die Ehre, als Heimat des Trockenfleisches gelten zu dürfen, beanspruchen mehrere Kantone. Heute beschränkt sich jedoch die Herstellung vor allem auf Graubünden und das Wallis. Das Rindfleisch wird in einer auf verschiedene Arten gewürzten Salzlake mariniert oder mit einer Kräutermischung eingerieben, zwischen Brettern gepresst und mehrere Tage getrocknet. Eine frische, trockene Alpenluft verleiht ihm das beste Aroma. In den Kantonen Appenzell und Glarus werden kleinere Fleischstücke vor dem Trocknen in einer Mostmarinade eingelegt, die dieser Spezialität den Namen «Mostbröckli» verlieh.

* * *

Die Spargel wird hauptsächlich im Wallis und in anderen Regionen mit sandiger, flacher Erde angepflanzt. Sie taucht regelmässig auf den Speisekarten unserer Restaurants auf, begleitet von einer Vinaigrette, Mayonnaise, Hollandaise, brauner Butter, gratiniert oder nach italienischer Art mit geriebenem Parmesan und leicht gebräunter Butter.

Zwei vorzügliche einheimische Produkte, die sich aufs beste ergänzen.

VORSPEISEN UND ZWISCHENGERICHTE

SPINATNOCKEN

Bündner  Rezept

In der Bündner Küche sind Mehl- und Kartoffelgerichte, unter anderem «Chrustschrapli» und «Pizokel», ebenso zahlreich wie verschieden. Sie stammen vor allem aus den südlichen Tälern des Kantons, in denen sich der italienische Einfluss deutlich bemerkbar macht.

Für 10 Personen
Zubereitungszeit: 1 Stunde

250 g	Mehl
5	Eier
2 dl	Milch
2 dl	Wasser
250 g	Weissbrotbrösel
100 g	Butter
30 g	Schnittlauch und Petersilie, gehackt
250 g	Spinat, gekocht und gehackt
	Salz, Pfeffer und geriebener Muskat
150 g	Sbrinz, gerieben

Zubereitung:

Aus Mehl, Eiern, Milch und den Gewürzen einen Teig zubereiten. Die Weissbrotbrösel in der Hälfte der Butter anziehen lassen, Petersilie, Schnittlauch und Spinat zugeben und das Ganze mit dem Teig gut verkneten. Eine Stunde ruhen lassen.

Mit dem Esslöffel Klösschen abstechen und in kochendem Salzwasser pochieren. Steigen sie an die Oberfläche, werden sie mit der Schaumkelle herausgenommen, in einer gebutterten Gratinplatte angerichtet und mit Sbrinz bestreut. Die restliche Butter leicht bräunen und darübergiessen.

Anmerkung:
Dazu passt eine feine Tomatenmarksauce.

Getränk: Veltliner, ein Lieblingswein der Bündner.

PASTETCHEN MIT KANINCHENLEBER

Waadtländer Rezept

Die Überlieferung will, dass das Kaninchen mit der Leber zubereitet wird. Das vorliegende Rezept ist daher nicht ein Stück Tradition, sondern ein Beispiel für den Einfallsreichtum eines grossen Kochs, der es verstand, früher wenig beachtete Innereien in eine begehrte regionale Spezialität zu verwandeln.

Für 4 Personen
Zubereitungszeit: 30 Minuten

2-3	Kaninchenlebern (300-350 g)
300 g	Bleichlauch oder den weissen Teil des Lauchs
2	Schalotten, gehackt
1,5 dl	Rahm
50 g	Butter
200 g	Blätterteig
1	Eigelb (Pastetchen vor dem Backen bestreichen)
	Salz, Pfeffer, Cayenne
0,2 dl	Cognac
20 g	Schnittlauch, fein geschnitten

Zubereitung:

Aus dem Blätterteig vier rechteckige Pastetchen von 9 x 7 cm backen. In 3/4 Höhe horizontal durchschneiden.

Lauch in feine Streifen schneiden und mit den Schalotten in 25 g Butter glasig dämpfen, würzen. Mit Rahm ablöschen und rund 3 Minuten einkochen lassen. Die geschnetzelte Kaninchenleber und Schalotten in 25 g geklärter Butter kurz anbraten, mit Cognac ablöschen. Die Pastetchen mit sehr heissem Lauch füllen und die Leber darauf verteilen. Schnittlauch darüberstreuen und Deckel aufsetzen.

Getränk: Dorin der Lavaux oder Johannisberg.

SAUCISSON IM TEIG

Waadtländer Rezept

Für 4 Personen
Zubereitungszeit: 1 1/4 Stunden

| 1 | Saucisson von 850 g |
| 400 g | Brotteig aus Vollkornmehl |

Zubereitung:

Die Wurst am Vortag etwa 25 Minuten pochieren und im Sud erkalten lassen. Am nächsten Tag die Haut abziehen.

Die Wurst in nicht zu dicken Brotteig einwickeln und im Ofen bei 220°C je nach Grösse 20-30 Minuten backen. Nach 15 Minuten Hitze wenn nötig etwas reduzieren.

Anmerkung:

In einem gesalzenen Briocheteig gebacken schmeckt diese Wurst ebenfalls vorzüglich.

Dazu wird Senf und grüner Salat serviert.

RAMEQUINS MIT KÄSE

Verschiedene Kantone

Heute ist es üblich, Käsetörtchen (Tartelettes) als Ramequins zu bezeichnen. Sie werden zum Apéritif, bei Weindegustationen, als Zwischenmahlzeit oder als Vorspeise serviert. Man legt die Förmchen mit Blätterteig oder geriebenem Teig aus, füllt sie mit geriebenem Käse, Ei und Rahm und bäckt sie bei 180°C während 20-25 Minuten.

Ein *echtes* Ramequin ist ein Auflauf von Brot und Käse. Es gibt Waadtländer, Freiburger, Tessiner und Neuenburger Ramequins, die mit verschiedenen Zutaten wie z.B. Schinken bereichert werden.

Für 4 Personen
Zubereitungszeit: 40 Minuten

6	Scheiben Englischbrot, getoastet
0,5 dl	Weisswein
20 g	Butter
180 g	Greyerzerkäse, Emmentalerkäse oder Freiburger Vacherin
4	Eigelb
1,5 dl	Rahm
2 dl	Milch
4	Eiweiss, steif
	Salz, Muskat und Pfeffer

Zubereitung:

Brotscheiben toasten und schräg halbieren, Käse in gleich grosse Dreiecke schneiden, abwechselnd ziegelartig in eine gebutterte Gratinplatte schichten. Mit Weisswein beträufeln.

Eigelb, Rahm und Milch verquirlen, würzen und den Eiweissschnee darunterziehen.

Über das Brot und den Käse giessen und rund 20 Minuten im Ofen goldgelb backen.

Anmerkung:

Dazu passt ein feiner gemischter Salat.

ORIGINAL BÖLLETÜNNE

Schaffhauser  Rezept

Dass die Zwiebel zu Tränen reizt, ist ein Nachteil, den wir angesichts ihrer kulinarischen und gesundheitlichen Verdienste gerne in Kauf nehmen. Bereits die Aegypter wussten um ihre therapeutischen Eigenschaften und nahmen täglich Zwiebeln zu sich.

Für 6-8 Personen
Zubereitungszeit: 1 Stunde

500 g	geriebener Kuchenteig
500 g	Zwiebeln, geschnetzelt
0,5 dl	Oel
30 g	Mehl
2	Eier
1 dl	Milch
2 dl	Rahm
	Salz, Pfeffer, Muskat
100 g	geräucherte Magerspeckstreifen
5-10 g	Kümmel, je nach Geschmack

Zubereitung:

Zwiebeln in Oel blond weichdämpfen und erkalten lassen. Aus Mehl, Eiern, Milch, Rahm und Gewürzen einen Guss anrühren.

Kuchenblech von 24-28 cm Durchmesser mit Teig auslegen, stupfen. Mit Zwiebeln und den leicht gebräunten Speckstreifen belegen.

Guss darübergiessen und bei 190°C während 30 Minuten backen.

Anmerkung:
Sehr heiss servieren.

Getränk: Schaffhauser Riesling-Sylvaner oder Weisswein der La Côte.

TOBIAS STIMMERS FASSADENMALEREIEN AM HAUS «ZUM RITTER» IN SCHAFFHAUSEN (1570)

GEMÜSE-WÄHEN

Verschiedene Kantone

Für 8-10 Personen
Zubereitungszeit: 45 Minuten

*400 g geriebener Kuchen- oder Halbblätterteig
Gemüse und andere Zutaten wie angegeben*

Zubereitung:

Gemüsewähen bilden oft das Kernstück einer Mahlzeit, und zwar auf dem Lande wie in der Stadt.

— *Spinatwähe:* Blanchierten Blattspinat grob hacken und mit Schalotten in Butter dämpfen, auskühlen lassen. Mit einem Ei-Rahmguss oder einer dicklichen Milchsauce mit Ei vermischen und auf das mit dem Teig ausgelegte Kuchenblech geben. Bei 180°C während 25-35 Minuten backen.

— *Petersilienwähe:* Eine grössere Menge Petersilie hacken, mit einem Ei-Rahmguss mischen und mit etwas geriebenem Käse verfeinern.

— *Kürbiswähe:* Den Kürbis fein schneiden, in Butter leicht andämpfen und mit einem Ei-Rahmguss backen.

— *Lauchwähe:* Diese Wähe wird wie der Lothringer Speckkuchen zubereitet: Lauch und Zwiebeln in Butter glasig dämpfen, Speckwürfelchen und gewürfelten Greyerzerkäse daruntermischen und das Ganze mit einem Ei-Rahmguss überbacken.

— *Tomatenwähe:* Der gestupfte Teigboden wird mit Greyerzer- oder Raclettekäsewürfelchen belegt und mit gewürzten Tomatenscheiben ziegelförmig bedeckt gebacken.

ALPHÜTTEN-SUPPE

Freiburger Rezept

Das «Vieux Chalet», das in einem berühmten Lied des Barden Joseph Bovet verewigt wurde, gilt als Symbol des Kantons Freiburg. Neben den «Poyas», die die einheimischen Bräuche beleben, gehört der Senn, der in einer Alphütte mit weissgetünchten Mauern und Schindeldach vor dieser dampfenden Suppe sitzt, zum unverfälschten Bild freiburgischen Volkstums, wie es sich heute noch in den Voralpen abspielt.

Für 10-12 Personen
Zubereitungszeit: 1 1/4 Stunden

400 g	Kartoffeln, geschält und in Würfelchen geschnitten
60 g	Butter
60 g	Spinat (wenn möglich wilder Spinat)
60 g	Trockenbohnen (Soisson), eingeweicht
400 g	Gemüse, grob geschnitten, zu gleichen Teilen weisse Rüben, Zwiebeln, Karotten und Lauch
60 g	Makkaroni, in kleine Teile gebrochen
2 l	Rindfleischbrühe
0,5 l	Milch
2 dl	Rahm
30 g	Schnittlauch, fein geschnitten
100 g	Greyerzerkäse, gerieben
	Salz, Pfeffer und Muskat

Zubereitung:

Das Gemüse in Butter glasig dämpfen, Rindfleischbrühe und die abgetropften Bohnen beifügen, würzen und 50 Minuten köcheln lassen.

Mit Makkaroni und Milch weitere 10 Minuten kochen und abschmecken. Zuletzt Rahm und Käse dazugeben und mit Schnittlauch bestreuen.

Anmerkung:

Wird in der Regel als Hauptgericht serviert.

Getränk: Leichter Freiburger, Waadtländer oder Genfer Rotwein.

ZWIEBELSUPPE MIT KÜMMEL UND BROTWÜRFELCHEN

Appenzeller Rezept

Für 5 Personen
Zubereitungszeit: 15-20 Minuten

1,5 l	Rindsbrühe
60 g	Butter
150 g	Zwiebeln, fein geschnitten
5-10 g	Kümmel je nach Geschmack
20 g	Schnittlauch, fein geschnitten
	Salz und Pfeffer
100 g	Bauernbrot in Würfeln

Zubereitung:

Zwiebeln und Kümmel in der Hälfte der Butter glasig dämpfen, leicht Farbe nehmen lassen.

Mit Rindsbrühe auffüllen.

Schnittlauch beifügen (ein wenig zum Garnieren zurückbehalten), 5 Minuten kochen lassen und abschmecken.

Kurz vor dem Servieren das Brot in der restlichen Butter goldbraun rösten, zur Suppe geben und mit Schnittlauch bestreuen.

Anmerkung:

In einem rustikalen Geschirr auftragen.

HÄUSER IN URNÄSCH (APPENZELL)

REISSUPPE MIT KASTANIEN

Schwyzer Rezept

In Kanton Schwyz, vor allem in Gersau, gedeihen die Kastanienbäume zu Tausenden. Bis 1798 bildete dieses Dorf am Vierwaldstättersee als unabhängige, mit dem Staatenbund alliierte Republik während fünf Jahrhunderten den kleinsten Staat Europas.

Für 5 Personen
Zubereitungszeit: 45 Minuten

100 g	Kastanien, eingeweicht oder frisch
1,2 l	Rindsbrühe Schwyzer Art (S. 36)
40 g	Butter
60 g	Vialonereis
100 g	Sbrinz, gerieben
40 g	Zwiebeln, feinblätterig geschnitten
	Salz und Pfeffer
15 g	Schnittlauch, fein geschnitten

Zubereitung:

Reis in der Hälfte der Butter anziehen lassen, Rindsbrühe und Kastanien beifügen und 20 Minuten kochen.

Die Zwiebeln in der restlichen Butter glasig dämpfen. Kurz vor dem Servieren die Suppe mit Käse bestreuen und mit Zwiebeln und Schnittlauch garnieren.

GRÜNE KRÄUTERSUPPE

Basler Rezept

Für 5 Personen
Zubereitungszeit: 45 Minuten

50	Butter
150 g	frischen Spinat, fein geschnitten
30 g	Kerbel, gehackt
10	frische Minzblätter, fein geschnitten
100 g	Zwiebeln, fein geschnitten
1	Majoranzweiglein
30 g	Mehl
1,2 l	Rindsbrühe
40 g	Brotwürfelchen, goldgelb geröstet
	Salz, Pfeffer und Muskat
5	Eigelb
10 g	Petersilie, gehackt

Zubereitung:

Zwiebeln in Butter glasig dämpfen, Spinat, Kerbel, Minze und Majoran beifügen und leicht andünsten. Mit Mehl bestäuben und auskühlen lassen.

Rindsbrühe beifügen, würzen und 15 Minuten kochen. Die Brotwürfelchen in vorgewärmte Tassen verteilen, die Suppe darübergiessen. In jede Tasse ein Eigelb geben und ohne umzurühren mit Petersilie bestreuen.

RATHAUS VON SCHWYZ

BUSECCA

Tessiner Rezept

Die Busecca, wie die suppenreiche Tessiner Küche überhaupt, widerspiegeln den Einfluss der Lombardei. Nach persönlichem Geschmack und regionalen Gepflogenheiten abgewandelt, gehört die Kuttelsuppe nach der Minestrone zu den beliebtesten Suppen jenseits des Gotthards.

Für 10-12 Personen
Zubereitungszeit: 1 Stunde

80 g	*Butter*
150 g	*Zwiebeln, fein geschnitten*
150 g	*Lauch*
150 g	*Karotten*
100 g	*Weisskabis*
300 g	*Kartoffeln*
100 g	*Sellerie*
100 g	*Tomaten, geschält, entkernt und gewürfelt*
3-5 l	*Fleischbrühe*
60 g	*Borlottibohnen (Trockengewicht), am Vorabend eingeweicht*
500 g	*Kutteln oder Gekröse vom Kalb, vorgekocht*
	Gewürz nach Geschmack
150 g	*Sbrinz oder Parmesan, gerieben*
50 g	*Tomatenmark*
	«PÜREE «PESTO»
60 g	*Rückenspeck*
2	*Knoblauchzehen zusammen pürieren und mit frischen, fein gehackten Küchenkräutern wie Basilikum, Salbei und Majoran mischen*

Zubereitung:

Die Bohnen mit einem kleinen Gemüsebündel rund eine Stunde leicht knackig kochen. Das Gemüse in grobe Streifen schneiden und mit den Zwiebeln in Butter glasig dämpfen. Tomaten und Tomatenmark beifügen und mit Brühe auffüllen. In Streifen geschnittene Kutteln und Bohnen dazugeben und weitere 25 Minuten köcheln lassen.

Den «Pesto» einrühren und abschmecken.

Anmerkung:

In rustikalen Tellern oder Schalen anrichten und geriebenen Käse dazu reichen.

Getränk: Tessiner Merlot.

SUPPEN UND SUPPENEINTÖPFE

SCHWYZER RINDFLEISCHBRÜHE

Schwyzer Rezept

Ungewöhnlich an diesem Rezept ist die Verwendung von Innereien für eine Rindfleischbrühe. Diese Suppe wurde früher einmal pro Woche in grossen Mengen gekocht, in Steinguttöpfen aufbewahrt und als Grundlage für die Zubereitung weiterer Mahlzeiten benutzt.

Zubereitungszeit: 3 1/2 Stunden

15 l	Wasser
2 kg	Rindsfederstück
500 g	Rindsleber
6 kg	Rindsknochen, zerkleinert
1,5 kg	Zwiebeln, halbiert, die Schnittflächen in der Bratpfanne leicht angebräunt
150 g	geräucherter Speck
1 kg	Weisskohl
1	Gemüsebündel mit wenig Bohnenkraut
	Salz und Pfeffer
1	Gewürzsäcklein mit Lorbeer, Gewürznelken, Pfefferkörnern und wenig Muskat oder Macis

Zubereitung:

Das Wasser mit blanchierten Knochen, Gewürzsäcklein und Gemüsebündel aufkochen und würzen. Siedfleisch darin 1 Stunde simmern lassen.

Zwiebeln, Kohl, Speck und Leber beifügen und sachte garkochen.

Fleisch und Gemüse als Eintopf servieren. Für ein Festgericht lässt sich die Suppe mit einem Huhn anreichern.

BUNDESBRIEFARCHIV IN SCHWYZ

GERÖSTETE MEHLSUPPE

Basler  Rezept

Die geröstete Mehlsuppe ist untrennbar mit der Basler Fastnacht verbunden, deren Ursprung bis ins 14. Jahrhundert zurückreicht. Sie verkürzt die Wartezeit bis zum «Morgenstreich», mit dem am Montag nach Aschermittwoch die Fastnacht beginnt.

Für 10 Personen
Zubereitungszeit: 1 1/2 Stunden

80 g	Butter
500 g	Zwiebeln, fein geschnitten
200 g	Mehl, hellbraun geröstet
150 g	Brotschnitten
150 g	Greyerzerkäse, gewürfelt
2 dl	Rotwein
3 l	Rindfleischbrühe
	Salz, Pfeffer und Muskat

Zubereitung:

Die Zwiebeln in Butter goldgelb dämpfen, Mehl dazumischen und erkalten lassen.

Mit Wein und Fleischbrühe anrühren und eine Stunde sachte kochen, abschmecken.

Die Brotscheiben rösten und in eine Suppenschüssel legen.

Mit Käse bestreuen und die heisse Suppe darübergeben.

GERSTENSUPPE

Bündner  Rezept

Für 6-8 Personen
Zubereitungszeit: 1 1/4 Stunden

80 g	Rollgerste
300 g	feinblättrig geschnittenes Gemüse, zu gleichen Teilen Karotten, Lauch, Sellerie, Zwiebeln und Kartoffeln
40 g	Bündnerfleischanschnitte, in Würfelchen geschnitten
1	Lorbeerblatt
1	Gewürznelke
30 g	Butter
	Salz und frisch gemahlener Pfeffer
2 l	Rindfleischbrühe
	BINDEMITTEL
1 dl	Rahm
1	Eigelb

Zubereitung:

Gerste 30 Minuten einweichen.

Das Gemüse in Butter glasig dämpfen, Lorbeerblatt, Nelke und abgetropfte Gerste dazugeben, mit Brühe auffüllen und 45 Minuten kochen lassen.

Nach 30 Minuten die Bündnerfleischwürfel beifügen.

Zuletzt Rahm und Ei verquirlt einrühren (nicht mehr kochen) und anrichten.

Anmerkung:

Zusammen mit einem separat gekochten Rippenstück bildet die Suppe eine vollwertige Mahlzeit. Einen feinen Veltliner dazu servieren.

LUZERNER FASTENSUPPE

Luzerner Rezept

AUSHÄNGESCHILD MIT FASTNACHTSMASKE, LUZERN

Für 10 Personen
Zubereitungszeit: 1 1/2 Stunden

50 g	grüne Trockenerbsen, eingeweicht
50 g	Trockenbohnen, eingeweicht
150 g	Kartoffeln, in kleine Würfel geschnitten
200 g	Weisskohl und Karotten zu gleichen Teilen, feinblättrig geschnitten
100 g	Spinat, in Streifen geschnitten
100 g	Rosenkohl, geviertelt
100 g	Blumenkohlröschen
2,5 l	Wasser
1 dl	Milch
80 g	Mehl
40 g	Pflanzenfett
	Salz, Pfeffer und Muskat
1	Ei
2	Eigelb
1 dl	Rahm
40 g	Petersilie und Schnittlauch zu gleichen Teilen, gehackt

Der Kanton Luzern, ein Bollwerk des Katholizismus, widersetzte sich erbittert den liberalen Bestrebungen der Reformation und beeinflusste damit nachhaltig andere katholische Kantone, mit denen er schliesslich die berühmte Militärallianz des Sonderbundes einging.

Selbstverständlich hielten sich die Luzerner streng an die Fastengebote, die den Katholiken vierzig Tage vor Ostern unter anderem eine fleischlose Ernährung vorschreiben, ein Verzicht, den die Luzerner mit währschaften Suppen recht gut zu ertragen wussten.

Zubereitung:

Erbsen und Bohnen dreiviertel weich kochen, das Gemüse hinzufügen und gar kochen.

Milch, Fett, Mehl und ein Ei zu einem Teig verarbeiten, davon mit einem Esslöffel Klösschen abstechen und kurz in der Suppe mitkochen, abschmecken.

Suppe mit verquirltem Eigelb und Rahm binden, Petersilie und Schnittlauch darüberstreuen und servieren.

Getränk: helles Bier oder Apfelwein.

KÄSE-SUPPE

Urner Rezept

Die Vorzüge des Urner Käses wurden bereits im letzten Jahrhundert von illustren Persönlichkeiten wie Ludwig II. von Bayern und Johann Wolfgang von Goethe gerühmt, die sich auf der Durchreise an dieser Delikatesse stärkten. Eine ganze Reihe von Gerichten bringt seine besondere Note zur Geltung, unter anderem diese einzigartige Suppe, die gelegentlich mit Salzkartoffeln serviert wird.

FAHNENSCHWINGER

Für 5 Personen
Zubereitungszeit: 40 Minuten

250 g	altbackenes Brot, gewürfelt
100 g	Butter
300 g	Sbrinz, gerieben
1 l	Rindfleischbrühe, schwach gesalzen
100 g	Zwiebeln, fein gehackt
20 g	Petersilie und Schnittlauch zu gleichen Teilen, gehackt frisch gemahlener Pfeffer (kein Salz)

Zubereitung:

Das in warmem Wasser eingeweichte Brot gut ausdrücken und in der Hälfte der Butter anziehen lassen.

Die Hälfte des Käses daruntermischen, mit einem Spachtel gut verrühren und pfeffern.

Die Zwiebeln in der restlichen Butter glasig dämpfen und über die Suppe streuen, mit gehackten Kräutern garnieren.

In tiefen Suppentellern anrichten, den übrigen Käse darauf verteilen, die heisse Brühe darübergiessen.

Getränk: Bier oder Apfelwein.

KARTOFFEL-SUPPE

Thurgauer Rezept

Für 5 Personen
Zubereitungszeit: 1 1/4 Stunden

1,2 l	Rindfleischbrühe
150 g	rohe Kartoffeln, gerieben
100 g	Weisskohl, in feine Streifen geschnitten
20 g	Schweineschmalz Salz, Pfeffer und Muskat Schnittlauch und wenig Majoran, gehackt
30 g	Stangensellerie, fein geschnitten
50 g	Zwiebeln, gehackt
100 g	magerer Rauchspeck, in Stäbchen geschnitten

Zubereitung:

Die Fleischbrühe aufkochen, Kartoffeln, Kohl, Majoran und Sellerie hinzufügen, würzen und 45 Minuten köcheln lassen.

Speck und Zwiebeln nacheinander im Fett glasig dämpfen, auf die Suppe geben und mit Petersilie und Schnittlauch garniert anrichten.

ENGELBERGER KLOSTERSUPPE

Obwaldner Rezept

Für 5 Personen
Zubereitungszeit: 40 Minuten

1,2 l	Rindfleischbrühe
60 g	Reis
60 g	Butter
60 g	Zwiebeln, gehackt Petersilie, Schnittlauch und Bohnenkraut, gehackt
60 g	Milchbrotwürfelchen, geröstet
2	Eier, verquirlt
50 g	Sbrinz, gerieben Salz, Pfeffer und Muskat

Zubereitung:

Reis in Rindfleischbrühe ca. 18 Min. kochen, die Zwiebeln in Butter hellglasig dämpfen, die gehackten Kräuter kurz mitdämpfen und der Fleischbrühe hinzufügen.

Die gerösteten Brotwürfelchen in eine vorgewärmte Suppenschüssel geben, die heisse Brühe darübergiessen, Eier einrühren und mit Käse bestreuen.

Anmerkung:

Bauernbrot dazu servieren.

ALPHORNBLÄSER

BERNER MÄRITSUPPE

Berner  Rezept

Der Markt hat zu allen Zeiten und überall eine bedeutende soziale und wirtschaftliche Rolle gespielt. Wer kennt nicht die Faszination, die von diesem Mikrokosmos ausgeht! Bern galt bereits zur Zeit ihres Gründers Herzog Berthold V. von Zähringen als berühmter Marktflecken. Noch heute lohnt sich an Markttagen ein Bummel durch die Lauben und Gassen der Bundeshauptstadt; als krönender Abschluss winkt eine Berner Märitsuppe, die selbst den grössten Hunger zu stillen verspricht.

Für 4-5 Personen
Zubereitungszeit: 1 1/4 Stunden

50 g	*gelbe Trockenerbsen, eingeweicht*
20 g	*Butter*
30 g	*Lauch*
30 g	*Sellerie*
30 g	*Karotten*
30 g	*Zwiebeln*
100 g	*geräucherte Speckwürfel*
120 g	*Kartoffeln, gewürfelt*
150 g	*Schweinshaxe gepökelt oder «Gnagi» gewürfelt (in kaltem Wasser entsalzen)*
1,5 l	*Fleischbrühe, leicht gesalzen*
30 g	*Schnittlauch, fein geschnitten Lorbeerblatt und ein wenig frischer Thymian*

Zubereitung:

Das feinblättrig geschnittene Gemüse in Butter glasig dämpfen, mit Fleischbrühe auffüllen, die abgetropften Erbsen, den Speck und die Schweinshaxe beifügen und 50 Minuten kochen. Die Kartoffeln dazugeben und weichkochen. Würzen, nur sparsam salzen. Die Suppe mit Schnittlauch bestreuen.

Getränk: Bier, Apfelwein oder leichter Rotwein.

FELCHEN MIT KRÄUTERN

Zuger Rezept

Der Kanton Zug zeichnet sich durch reizvolle, idyllische Fluss- und Uferlandschaften aus. Der Fischreichtum dieser Gewässer schlägt sich in der Küche der zahlreichen, gemütlichen Gaststätten am Zuger- und am Aegerisee nieder, die den Besucher mit Felchen und «Röteli» verwöhnen.

WIRTSHAUSSCHILD IN WALCHWIL AM ZUGERSEE

Für 5 Personen
Zubereitungszeit: 45 Minuten

5	Felchen zu 200 g
	Salz und Pfeffer
30 g	Mehl
50 g	Butter
20 g	Salbeiblätter
2	kleine Lorbeerblätter
2-3	Gewürznelken
100 g	Schalotten, fein gehackt
3 dl	Weisswein
1/2	Zitrone (Saft)
10 g	Petersilie, gehackt

Zubereitung:

Felchen auf beiden Seiten ziselieren, die Salbeiblätter in die nicht zu tiefen Einschnitte verteilen, würzen und mit Mehl bestäuben.

Eine gebutterte Gratinplatte mit Schalotten und Gewürzkräutern bestreuen, die Fische darauflegen, Weisswein und Zitronensaft darübergiessen und mit Butterflöckchen im Ofen unter öfterem Begiessen garen.

Mit Petersilie garnieren und im Kochgeschirr servieren.

Anmerkung:
Salzkartoffeln dazu reichen.

Getränk: Dorin, Dézaley oder Weisswein aus der Ostschweiz.

JURASSISCHE FORELLEN-MOUSSE

Jurassisches Rezept

Die Forelle hält sich gerne in den sauerstoffreichen Flüssen auf, wie sie im Jura häufig zu finden sind. Als Königin dieser Gewässer gilt die Forelle des Doubs. Sie ist etwas kleiner als ihre Artgenossen und mit ihrem zarten, schmackhaften Fleisch wird eine breite Palette von Gerichten zubereitet.

Für 6-8 Personen als Hauptgericht
Für 12 Personen als Vorspeise
Zubereitungszeit: 1 1/2 Stunden

4	Forellen
9	Eier
5 dl	Milch
5 dl	Rahm und
2 dl	Rahm für die Sauce
	Salz und weisser Pfeffer
20 g	Schnittlauch, fein geschnitten
	FISCHBRÜHE
80 g	Zwiebeln, fein geschnitten
80 g	Karotten, fein geschnitten
150 g	Gemüsebündel aus Lauch, Sellerie und Petersilienstielen
3 dl	Weisswein
3/4 l	Wasser
	SAUCE
200 g	Butter
	Salz und weisser Pfeffer
8	Trüffelscheiben
8-12	Blätterteig-Halbmonde

Zubereitung:

Die Forellen filetieren. Kopf und Gräte werden in der Grundbrühe ausgekocht. Filets pürieren und durch das Holzranddrahtsieb streichen.

Nach und nach 5 Eier, 4 Eigelb sowie Milch und Rahm darunterrühren, abschmecken.

Diese Masse in gebutterte Portionen-Becherförmchen abfüllen und im Wasserbad im Ofen bei 160°C mit Alufolie gedeckt 40 Minuten pochieren. Die Förmchen auf eine vorgewärmte Platte stürzen. Die Mousse mit Sauce überziehen und mit Trüffelscheiben und Blätterteig-Halbmonden garnieren.

SAUCE

Die gesiebte Fischbrühe zur Hälfte einkochen, mit Rahm verfeinern, die Butterflocken mit dem Schwingbesen darunterrühren, Schnittlauch beifügen und abschmecken.

Getränk: Weisser Auvernier, Waadtländer Dorin oder Twanner.

FISCHSUPPE STEIN AM RHEIN

Schaffhauser Rezept

Stein am Rhein, ein malerisches Kleinod am Schnittpunkt alter Verkehrsachsen, entwickelte sich rasch vom Fischerdorf zum Marktstädtchen. Von dieser wohlhabenden Epoche zeugen die prächtigen Gebäude mit Fassadenmalereien, die den ehemaligen Marktplatz und heutigen Rathausplatz umrahmen.

Für 8 Personen
Zubereitungszeit: 1 1/4 Stunden

1,2 kg	Fischfilets vom Bodensee, in schräge Streifen geschnitten
400 g	Zwiebeln, Sellerie, Karotten, Lauch, geschälte und entkernte Tomaten, grobblättrig geschnitten
2	Knoblauchzehen, gehackt
0,5 dl	Oel
	wenig Lorbeer und Thymian Salz, Pfeffer und Safran
2 dl	Weisswein
1,5 l	doppelte Fischbrühe
1 dl	Rahm
2	Eigelb
50 g	Mehlbutter, halb-halb
30 g	Schnittlauch, fein geschnitten
4	Brötchen, in dünne Scheiben geschnitten
80 g	Butter

Zubereitung:

Gemüse und Kräuter in Oel glasig dämpfen, mit Weisswein ablöschen, Fischbrühe dazugeben und 15 Minuten kochen, würzen.

Die Fischstreifen in dieser Suppe einige Minuten ziehen lassen.

Die Flüssigkeit in eine Kasserole giessen, mit Mehlbutter binden, dann Rahm und Eigelb einrühren (nicht mehr kochen).

Fisch und Gemüse in einer vorgewärmten Schüssel anrichten, Suppe darübergeben und mit Schnittlauch bestreuen.

In Butter goldgelb geröstete Brotscheiben dazu reichen.

Getränk: Schaffhauser Traminer oder Oeil-de-Perdrix (rosé) von Neuenburg.

MALERISCHES STEIN AM RHEIN

RHEINSALM SPEZIAL NACH BASLER ART

Basler  Rezept

RÖMISCHE FISCHPLATTE (2. JHD., AUGST)

Früher schwamm der Salm zur Laichzeit den Rhein flussaufwärts. Diese Zeiten gehören leider endgültig der Vergangenheit an. Im Mittelalter jedoch wimmelte es in diesem Fluss von Salmen, die denn auch regelmässig auf den Tischen der Basler erschienen. So regelmässig, dass gewisse Dienstboten in ihrem Arbeitsvertrag darauf bestanden haben sollen, nicht häufiger als zweimal pro Woche Salm essen zu müssen!

Für 5 Personen
Zubereitungszeit: 1 Stunde

1 kg	frischer Salm, in 5 Scheiben geschnitten
0,5 l	Milch
40 g	Mehl
100 g	Butter
80 g	Schalotten, gehackt
0,5 dl	trockener Weisswein
0,5 dl	klare Bratensauce
1	Zitrone (Saft)
40 g	Petersilie, gehackt
200 g	Zwiebelringe
150 g	Bierteig
	Worcestersauce, Salz und Pfeffer

Zubereitung:

Fisch würzen und in wenig Zitronensaft und Milch rund eine Stunde marinieren.

Mit Krepp-Papier trocken tupfen, in Mehl wenden und in 50 g Butter beidseitig kurz goldgelb braten.

In einem flachen Geschirr die Schalotten mit 20 g Butter glasig dämpfen, den angebratenen Fisch darauflegen, restlichen Zitronensaft, Weisswein und Bratensauce dazugeben und sachte dämpfen. Die Scheiben aus dem Fond heben und auf einer vorgewärmten Platte anrichten. Sauce abschmecken, Petersilie und Butterflocken darunterrühren, den Fisch damit übergiessen und mit den gebackenen Zwiebelringen servieren.

Getränk: Weisser Chablais (Yvorne, Aigle, Villeneuve) oder Riesling-Sylvaner (Basel).

FELCHENFILET NACH RORSCHACHER ART

St.Galler Rezept

Der Bodensee, dessen Ufer bereits zur Steinzeit bewohnt waren, liegt zwischen der Schweiz, Deutschland und Österreich. 1460, als die Eidgenossen den Thurgau eroberten, wurde die Seemitte als gemeinsame Grenzlinie dieser drei Herrschaftsbereiche festgelegt. Das Lehnsgut der Abtei St.Gallen verdankte seinen wirtschaftlichen Aufschwung der Schiffahrt und der Fischerei, die die Rorschacher Köche zu allerlei Spezialitäten inspirierte. Im 18. und 19. Jahrhundert schuf sich der Ort einen Namen als Handelszentrum für Leinengewebe und Stickereien.

Für 5 Personen
Zubereitungszeit: 30 Minuten

750 g	Felchenfilets
1/2	Zitrone (Saft)
	Salz und Pfeffer, wenig Mehl
1 dl	Milch
150 g	geräucherter Magerspeck, in Streifen geschnitten
100 g	Zwiebeln, gehackt
150 g	Tomaten geschält, entkernt und gewürfelt
20 g	Petersilie, gehackt
2	Zitronen, in 10 Scheiben geschnitten

Zubereitung:

Die Felchenfilets nach Müllerinnenart braten.

Zwiebeln und Speck in Butter glasig dämpfen, Tomaten beifügen und mitdämpfen, abschmecken und auf den angerichteten Fisch geben.

Vor dem Servieren mit Petersilie und Zitronenscheiben garnieren.

Getränk: Sylvaner aus dem St.Galler Rheintal.

MARINIERTE FELCHEN

Tessiner Rezept

Für 5 Personen
Zubereitungszeit: 20 Minuten

5	Felchen
0,5 dl	Oel
1	Knoblauchzehe, gehackt
100 g	Zwiebeln, geschnetzelt
100 g	Karotten, in feine Scheiben geschnitten
1	Lorbeer- und Salbeiblatt
10	Pfefferkörner, zerdrückt
0,5 dl	Rotweinessig
1	Prise Salz

Zubereitung:

Die Felchen in heissem Oel rundum braten, abtropfen und erkalten lassen.

Zwiebeln, Karotten, Knoblauch, Lorbeer und Salbei glasig dämpfen, Essig dazugeben und würzen.

Mit wenig Wasser oder Weisswein verdünnen, 2 Minuten kochen und erkalten lassen.

Die Felchen in einer tiefen Platte eng nebeneinander anrichten, mit der Marinade übergiessen und etwa 24 Stunden im Kühlschrank ruhen lassen.

Anmerkung:

Dieses Gericht bleibt im Kühlschrank 3 Tage lang frisch. Mit dieser Marinade hat der Tessiner eine Konservierungsmethode gefunden, um grössere Fischfänge während mehreren Tagen aufzubewahren.

Getränk: Riesling-Sylvaner aus dem Bündnerland.

FORELLE ODER SAIBLING MIT GRÜNEN TRAUBEN

Waadtländer Rezept

Zwischen dem Rhonebecken, der Aare und der Saane existieren — von den Seen abgesehen — nicht weniger als vierzig Wasserläufe, die das Waadtland mit einem ausserordentlichen Reichtum an Fischgründen durchziehen.

Für 4 Personen
Zubereitungszeit: 45 Minuten

4	Portionen Forellen, küchenfertig
50 g	Schalotten, gehackt
50 g	Butter
4 dl	trockener Waadtländer Weisswein
100 g	grüne, nicht ganz ausgereifte Trauben
1,5 dl	Rahm
	Salz und Pfeffer
10 g	Schnittlauch, fein geschnitten
30 g	Mehlbutter, halb-halb
1/2	Zitrone (Saft)

Zubereitung:

Die Trauben blanchieren und schälen. Schalotten in Butter glasig dämpfen.

Die Forellen innen und aussen würzen, auf die gedämpften Schalotten legen und im Weisswein 7-8 Minuten sachte pochieren.

Die Haut zwischen Kopf und Schwanz beidseitig entfernen und die Forellen in einer Platte warm stellen.

Den Sud leicht einkochen, mit Mehlbutter binden. Rahm dazugeben und einige Minuten kochen lassen.

Mit Zitronensaft und Gewürz abschmecken. Die Sauce über die Forellen giessen, mit Schnittlauch, den gewärmten Trauben und allenfalls Blätterteig-Halbmonden garnieren.

Anmerkung:

Die Forellen müssen lebendfrisch sein; um eine starke Biegung der Forelle zu verhindern, wird das Rückgrat beim Kopf und Schwanz durchgeschnitten.

Getränk: Dorin, Weisswein des Chablais, Waadtland.

NETZFISCHEN AUF DEM GENFERSEE

SILBERFELCHENFILET AN KRÄUTERRAHMSAUCE

Neuenburger Rezept

Für 5 Personen
Zubereitungszeit: 40 Minuten

1 kg	Filets ohne Haut
3 dl	Neuenburger Rosé «Oeil-de-Perdrix» oder trockener Weisswein
2 dl	Rahm
2	Eigelb
	Salz und Pfeffer
20 g	Schnittlauch, fein geschnitten
1/2	Zitrone (Saft)
60 g	Butter

Zubereitung:

Die gewürzten Filets einmal überschlagen, nebeneinander in eine gebutterte Gratinplatte legen, Wein darübergiessen und mit Alufolie zugedeckt rund 8 Minuten pochieren.

Auf einer vorgewärmten Platte anrichten und warm stellen.

Die Flüssigkeit sirupartig einkochen und vom Feuer ziehen.

Rahm und Eigelb verquirlt unter die Sauce rühren, Zitronensaft und Schnittlauch dazugeben, abschmecken und die Filets damit überziehen.

Anmerkung:

Die Silberfelchen oder Balchen gehören wie die Felchen und Blaufelchen zur Gruppe der Coregonen.

FELCHEN NACH LUZERNER ART

Luzerner Rezept

Der Kanton Luzern darf sich rühmen, zahlreiche Seen wie den Vierwaldstätter-, den Sempacher-, den Hallwiler- und den Baldeggersee zu besitzen.
Fischgerichte nehmen daher im kulinarischen Vermächtnis des Kantons einen nicht unbedeutenden Rang ein, darunter dieses überlieferte Rezept für Felchen.

Für 4 Personen
Zubereitungszeit: 45 Minuten

4	Felchen
0,5 dl	Milch
	Salz, Pfeffer, Mehl und Worcester-Sauce
1/2	Zitrone (Saft)
1 dl	Oel
2	Tomaten, in Scheiben geschnitten und kurz gedünstet
80 g	Butter
150 g	frische Champignons, geschnitten
40 g	Kapern
20 g	Petersilie, gehackt
	Zitronenscheiben als Garnitur

Zubereitung:
Die Felchen marinieren, mit Mehl bestäuben, nach Müllerinnenart braten und auf einer gebutterten Platte anrichten.
Butter leicht bräunen lassen, Pilze, Kapern und Petersilie hinzufügen und würzen.
Den Fisch mit Tomatenscheiben garnieren und mit der Buttersauce überziehen.

Anmerkung:
Salzkartoffeln dazu servieren.

Getränk: Riesling-Sylvaner aus der Region Luzern.

DREI ARTEN EGLIFILETS

Schweizer Seen

Mancher Feinschmecker zieht den Eglifisch der Schweizer Seen einer Forelle vor; einige halten ihn für den besten Süsswasserfisch überhaupt.

Der Egli war bereits im Altertum beliebt und wurde selbst in den Werken von Aristoteles, Plinius, Oppianos, und Athenäus mit einem Wort des Lobes bedacht, während Ausonius sein schmackhaftes, zartes Fleisch pries, das sich durchaus mit dem eines Meerfisches vergleichen lasse.

Für 4-5 Personen
Zubereitungszeit: 20-30 Minuten

600 — 800 g Eglifilets
  Butter, Mandeln oder Bierteig
  je nach Rezept

Zubereitung:

Die Eglifilets werden gewöhnlich auf folgende drei Arten zubereitet:

1. Nach Müllerinnenart in Butter gebraten, zuvor mit Zitronensaft und Worcester-Sauce marinieren und leicht mehlen.

2. Nach Müllerinnenart mit Mandeln garniert. Dazu Mandeln schälen, hobeln, in Butter leicht bräunen und über den Fisch geben.

3. Im Bierteig fritiert oder nach einer kurzen Marinade mit Mehl bestäubt und gebraten.

Pommes Frites oder Salzkartoffeln und Tartarsauce dazu reichen.

Anmerkung:

Eglifilets eignen sich ebenfalls für die in diesem Buch aufgeführten Rezepte mit Felchenfilets.

Getränk: Fendant, Dorin, weisser Neuenburger und trockene Weissweine der deutschen Schweiz.

Fleisch- und Hauptgerichte

61 «PAPET VAUDOIS»

62 KANINCHENFILET AUF FRISCHEN STEINPILZEN

64 MILKENTOPF MIT BLÄTTERTEIG
65 MARINIERTES RINDSVORESSEN

«FUNGGI»-KARTOFFELN

66 GESCHMORTE TAUBEN AUF BROT

68 FLEISCH EINTOPF
69 VERZADA-CASSOLA

71 KARDENGRATIN
PILZE AN GRÜNER KRÄUTERSAUCE

73 CITZICHÜECHLI
ZÜRCHER ZUNFTSPIESSLI

74 GEFÜLLTE HÄXNCHEN MIT PERLZWIEBELN UND CHAMPIGNONS
75 RINDSHUFTSPITZ AN SALVAGNIN

76 BERNERPLATTE

78 KANINCHEN «BEDRETTOTAL»
79 RISOTTO AL VERDE

80 KUTTELN IN MOST

83 ZÜRCHER GESCHNETZELTES
RÖSTI NACH ZÜRCHER ART
RÖSTI-VARIANTEN

84 RATSHERRENPLATTE

87 SCHAFSVORESSEN «BÉNICHON»

88. MARINIERTER LAMMSCHLEGEL GESPICKT

90 ST. GALLER KÄSEKLÖSSE

91 HIRSCHKOTELETT MIT ALPENKRÄUTERSCHNAPS

92 GENFER SCHWEINSFRIKASSEE

94 GEFÜLLTER WEISSKOHL «LA BÉROCHE»

97 GENFER HÜHNERFRIKASSEE

98 GEFÜLLTER SCHWEINSFUSS

100 SCHWYZER KARTOFFELNOCKEN

101 SCHWEINSPFEFFER ROMOOS

102 NOCKEN MIT GORGONZOLA

103 CHABIS- UND SCHAFFLEISCH-EINTOPF

104 RINDSCHMORBRATEN «BÜRGLEN» RISPOR

105 LUZERNER KÜGELIPASTETE

106 KALBSHAXEN MIT KURPFLAUMEN
107 KALBSBRATEN MIT «CRÈVE-À-FOUS»

108 KALBFLEISCHVÖGEL

111 FONDUE

112 RACLETTE

«PAPET VAUDOIS»

Waadtländer Rezept

Ein typischeres Gericht als den «Papet» gibt es nicht; der Lauch, König aller einheimischen Gemüse, und die Würste «Saucisson» und «Saucisse», deren Herstellung die Waadtländer meisterhaft beherrschen, bringen einander vollendet zur Geltung. Jede Gegend beharrt eifersüchtig auf ihrer eigenen Version dieses köstlichen Gerichts, doch der Genuss bleibt sich überall gleich.

Für 5 Personen
Zubereitungszeit: 1 1/4 Stunden

1,5 kg	grüner und gebleichter Lauch, in 3 cm lange Stücke geschnitten
700 g	Kartoffeln, geschält und in Würfel geschnitten
50 g	Schweineschmalz
80 g	Zwiebeln, geschnitten
3 dl	trockener Weisswein
3 dl	Rindfleischbrühe
1 dl	Rahm
	Salz, Pfeffer und Muskat
	eine Spur Essig

Zubereitung:
Zwiebeln glasig dämpfen, Lauch mitdämpfen und würzen.
Mit Weisswein und Fleischbrühe 15 Minuten zugedeckt kochen. Die Kartoffeln dazugeben und weitere 10 bis 15 Minuten kochen. (Mit den Kartoffeln eventuell eine zu zwei Dritteln vorgekochte Waadtländer Saucisson beifügen).
Rahm darübergiessen und nochmals köcheln lassen. Kurz vor dem Anrichten mit einer Spur Essig beträufeln.

Anmerkung:
Das Lauchgericht wird mit einer Waadtländer Saucisson (geräucherter Schweinswurst) oder einer Saucisse mit Kabis- oder Leberbeigabe serviert.
Die Saucisson 20-30 Minuten, die Saucisse höchstens 15 Minuten unter dem Siedepunkt pochieren und auf dem Lauchgericht einige Minuten ungedeckt mitkochen lassen.

Getränk: Ein Dorin von Yvorne oder ein Salvagnin der La Côte.

KANINCHENFILET AUF FRISCHEN STEINPILZEN

Jurassisches Rezept

Im Jura sind die Kaninchenställe stets reich bestückt. Die jungen Kaninchen, die in Freigehegen aufgezogen werden, leisten einen wohlschmeckenden Beitrag an die einfache, gesunde Kost, von der auch Jean-Jacques Rousseau geschwärmt hatte. An Steinpilzen, in den Augen der Römer eine göttliche Speise, fehlt es im Jura ebenfalls nicht; seine zahlreichen Wälder gelten bei den Pilzsammlern als wahre Goldgrube.

Für 3-4 Personen
Zubereitungszeit: 1 Stunde

1	Kaninchenrücken, etwa 600 g
2	Knoblauchzehen, ungeschält
1	Schalotte, gehackt
2	Schalotten, geviertelt
30 g	Petersilie, gehackt
100 g	Butter
1 dl	trockener Weisswein
3 dl	gebundene Bratensauce
150 g	frische Steinpilze
	wenig Oel
	Salz und Pfeffer

Zubereitung:

Beidseitig des Rückgrates leicht einschneiden. In Bratgeschirr mit wenig Oel rundum schön anbraten und würzen.

Knoblauch und geviertelte Schalotte beigeben und 15 Minuten im Ofen nicht zu heiss braten. Gehackte Schalotte, Petersilie und die geschnittenen Steinpilze in der Hälfte der Butter andünsten und würzen.

Fleisch warm stellen, das Fett aus dem Bratgeschirr abschütten, mit Weisswein ablöschen, Bratensauce dazugeben und kurz einkochen, sieben und abschmecken. Die restliche Butter in Flocken darunterrühren.

Die vom Rücken gelösten Filets leicht schräg geschnitten wieder zurücklegen, mit den Steinpilzen garnieren und ein wenig Sauce darübergiessen.

Restliche Sauce separat servieren.

Anmerkung:

Dazu passen ein leichter Kartoffelgratin und in Butter gebratene Zucchetti.

Getränk: roter Auvernier oder Oeil-de-Perdrix.

EHEMALIGE, IN EIN RESTAURANT UMGEWANDELTE MÜHLE AM DOUBS (JURA)

MILKENTOPF MIT BLÄTTERTEIG

Basler  Rezept

Lange Zeit wurden die Innereien als wertloser Schlachtabfall betrachtet, der, wenn nicht weggeworfen, so doch zu Spottpreisen verkauft wurde.

Schliesslich fanden sie bei der Stadtbevölkerung die verdiente Anerkennung und verwandelten sich in ein begehrtes und kostspieliges Nahrungsmittel.

Für 5 Personen
Zubereitungszeit: 1 1/2 Stunden

900 g	frische Kalbsmilken
	Lorbeerblatt
	einige Petersilienstiele
1 dl	trockener Weisswein
	Salz und frisch gemahlener schwarzer Pfeffer
30 g	Butter
30 g	Mehl
3 dl	Madeirawein
30 g	Pistazien, geschält
10 g	Morcheln, getrocknet und eingeweicht, oder
100 g	frische Morcheln
1 dl	Bratensauce
1 dl	Rahm
150 g	Blätterteig

Zubereitung:

Milken mit Lorbeer, Petersilienstielen, etwas Gewürz, Weisswein und Wasser zugedeckt sachte pochieren und im Sud erkalten lassen.

Die in Scheiben geschnittenen Milken in einen gut gebutterten Porzellantopf legen. Sud zur Hälfte einkochen.

Im Kochtopf separat Mehlschwitze ansetzen, mit reduziertem Sud und Madeira aufkochen, Pistazien, Rahm und Bratensaft beifügen, abschmecken und die Milken damit übergiessen.

Morcheln dämpfen, würzen und darüber geben.

Den Topf mit Blätterteig bedecken, mit Ei bestreichen und 15-20 Minuten im Ofen backen.

Anmerkung:

Mit Pilaw-Reis oder feinen Nudeln servieren.

Getränk: Johannisberg oder Petit Arvine aus dem Wallis.

MARINIERTES RINDS-VORESSEN

Solothurner Rezept

Für 5 Personen
Zubereitungszeit: 2 1/2 Stunden

900 g	Rindsschulterfleisch in Würfeln von 40 g
50 g	Karotten, feinblättrig geschnitten
50 g	Zwiebeln, feinblättrig geschnitten
50 g	Knollensellerie, feinblättrig geschnitten
50 g	geräucherter Magerspeck, in Stäbchen geschnitten
30 g	Mehl
0,5 dl	Oel
2 dl	Rindfleischbrühe
4 dl	Marinade
1 dl	Rahm
	Salz und Pfeffer
	MARINADE
5 dl	Rotwein
2 dl	Weinessig
2-3	Stück Zitronenschale
150 g	Zwiebeln, geschnitten
3	Gewürznelken
2	Lorbeerblätter
5 g	Pfefferkörner
1	Knoblauchzehe, zerdrückt

Zubereitung:

Marinade mit allen Zutaten aufkochen und erkalten lassen, das Fleisch 2 bis 4 Tage darin marinieren.

Die Fleischwürfel herausnehmen und gut abgetropft im heissen Oel rundum anbraten, mit Mehl bestäuben und leicht bräunen.

Mit gesiebter Marinade und Fleischbrühe auffüllen und 1 1/2 bis 2 Stunden schmoren. Gemüse und Speck glasig weichdämpfen und zum Gericht geben.

Mit Rahm binden und abschmecken.

Das Voressen auf einer Platte anrichten, mit Sauce überziehen und restliche Sauce separat servieren.

Anmerkung:

Dazu passt Solothurner «Funggi» (siehe Rezept).

Getränk: Pinot noir (Neuenburg).

«FUNGGI»-KARTOFFELN

Solothurner Rezept

Für 5 Personen
Zubereitungszeit: 30 Minuten

400 g	Kartoffeln
200 g	Kochäpfel
1	Prise Zucker
1	Prise Salz und Muskat
150 g	Butter
1 dl	Rahm
60 g	Weissbrotwürfelchen

Zubereitung:

Die geschälten, in Würfel geschnittenen Kartoffeln mit den geschälten Apfelschnitzen in wenig Wasser weichkochen, würzen und pürieren.

100 g Butter und Rahm dazurühren. Funggi in einer tiefen Schüssel anrichten.

WIRTSHAUSSCHILD AUS DEM 18. JHD.

Brotwürfel in der restlichen Butter goldbraun rösten und über das Püree verteilen.

Anmerkung:

Wird vorwiegend zu Saucenfleisch wie Solothurner Voressen oder Schmorbraten serviert.

GESCHMORTE TAUBEN AUF BROT

Basler Rezept

«Diese Tauben sind feist — wie geschaffen für auf den Tisch!», schrieb Boileau. Seit Jahrhunderten gilt dieses Geflügel als Leckerbissen, dessen zartes Fleisch selbst Kranken und Genesenden empfohlen wurde.

Für 8 Personen
Zubereitungszeit: 1 Stunde

8	Tauben
80 g	Butter
	Salz und Pfeffer
2 dl	Rotwein
1 dl	Bratensaft vom Huhn, eingekocht
0,3 dl	Cognac,
1	Orange (Schale, in feine Streifchen geschnitten)
20 g	Sardellenfilets (Konserve)
50 g	Taubenleber
16	Englischbrotscheiben, halbiert

Zubereitung:

Tauben halbieren, würzen und in Butter anbraten.

Mit Rotwein ablöschen, Hühnerbratensauce dazugiessen und im Ofen 20-25 Minuten zugedeckt schmoren.

Tauben herausnehmen, die Hauptknochen ablösen und das Fleisch warm stellen.

Cognac, Orangenschale sowie pürierte Leber und Sardellen unter den Bratensaft mischen, einige Minuten gut durchkochen.

Die Taubenhälften auf in Butter goldgelb gerösteten Brotscheiben anrichten, mit wenig Sauce begiessen.

Restliche Sauce separat dazu reichen.

Getränk: Pinot aus der Region Basel oder Dôle.

FLEISCH-EINTOPF

Unterwaldner  Rezept

Der Eintopf, der die auf dem Bauernhof jeweils vorrätigen Produkte zu einem Mahl vereinte und nach stundenlangem Schmoren auf dem Feuer eine grosse Familie zu sättigen hatte, ist aus der währschaften Küche der Urkantone nicht wegzudenken. Die Bezeichnung «Stunggis» rührt daher, dass das Gemüse so lange gekocht wurde, bis es sich zu einem Brei zerstossen liess.

Für 5 Personen
Zubereitungszeit: 1 1/4 Stunden

750 g	Schweinshals, in Würfel geschnitten
	Salz und Pfeffer
40 g	Schweineschmalz
150 g	Karotten, in Stäbchen geschnitten
100 g	Lauch, in grobe Stücke geschnitten
150 g	feine grüne Bohnen
150 g	Sellerieknollen, in Stäbchen geschnitten
150 g	Weisskohl, in grobe Stücke geschnitten
100 g	Zwiebeln, fein gehackt
500 g	Kartoffeln, in grobe Würfel geschnitten
0,7 l	Rindfleischbrühe
	Thymian, Majoran, Schnittlauch und gehackte Petersilie

Zubereitung:

Das Fleisch im Schweineschmalz rundum schön anbraten und würzen.

Zwiebeln und alles Gemüse bis auf den Lauch sachte mitdämpfen.

Mit Fleischbrühe auffüllen, Thymian und Majoran dazugeben und zugedeckt während 45 Minuten auf schwachem Feuer kochen.

Nach der halben Kochzeit Kartoffeln und Lauch daruntermischen und garkochen.

Kurz vor dem Servieren mit Petersilie und Schnittlauch bestreuen.

Anmerkung:

Diese Spezialität wird in einem tiefen, rustikalen Geschirr angerichtet.

Getränk: Dorin der La Côte oder Salvagnin. Most eignet sich ebenfalls ausgezeichnet.

VERZADA-CASSOLA

Bündner  Rezept

(Siedfleischeintopf)

Für 5 Personen
Zubereitungszeit: 2 1/2 Stunden

1 kg	Weisskohl
100 g	Zwiebeln, gehackt
100 g	geräucherter Magerspeck, in Stäbchen geschnitten
800 g	Federstück vom Rind, in 5 Scheiben geschnitten
3 dl	Rindfleischbrühe
3 dl	Rotwein
	Salz, Pfeffer und Muskat
2	Lorbeerblätter
50 g	Schweineschmalz

Zubereitung:

Kohlblätter in grosse Stücke schneiden, kurz aufkochen und abschütten.

Inzwischen Zwiebeln und Speck im Schmalz glasig dämpfen, Lorbeerblätter beifügen und würzen.

Mit Fleischbrühe und Wein auffüllen und mit dem Fleisch etwa 1 Stunde köcheln lassen.

Abschmecken, die Kohlstücke darauf legen und weitere 3/4 Stunden auf schwachem Feuer kochen.

Getränk: Salvagnin der La Côte.

«ZUM ENGEL», WIRTSHAUSSCHILD AUS DEM 18. JHD.

KARDEN-GRATIN

Genfer Rezept

Auch dies ist eine jahrhundertealte Spezialität aus der Zeit der «Escalade». Ursprünglich ein Gast aus Vorderasien, hat sich die Karde längst in Genf eingebürgert und wird regelmässig auf dem Markt angeboten. Sie muss vor dem Verbrauch einige Zeit im Keller gebleicht werden.

Für 5 Personen
Zubereitungszeit: 1 Stunde

```
  1 kg    Karden
 20 g    Butter
  2 dl    Rahm
100 g    Greyerzer, gerieben
  1 dl    Weissweinessig
         Salz, Pfeffer und Muskat
         SUD
100 g    Kalbsnierenfett
 30 g    Mehl und wenig Salz
 1/2     Zitrone (Saft)
  3 l    Wasser
```

Zubereitung:
Die Karden schälen und in etwa 3 cm lange Stücke schneiden.
Einige Minuten in Essigwasser einlegen, abtropfen und mit grobem Salz in einem Tuch kreuz und quer reiben, um die übriggebliebenen Häutchen zu entfernen. Gut waschen.
Im Sud 20-30 Minuten knackig kochen. Abgetropft in einer gebutterten Gratinplatte anrichten.
Gewürzten Rahm darübergiessen, mit Käse und Butterflocken bestreuen und im Ofen überbacken.

Anmerkung:
Ausgezeichnet als Beilage zu einem Braten.

Getränk: ein Genfer Gamay.

PILZE AN GRÜNER KRÄUTERSAUCE

Zuger Rezept

Für 5 Personen
Zubereitungszeit: 1 Stunde

```
800 g    verschiedene frische Pilze
 50 g    Mehl
  3      Eier
 60 g    Sbrinz oder Parmesan,
         gerieben
200 g    Weissbrotbrösel
         Salz und frisch gemahlener
         Pfeffer
         Oel für Fritüre
         KRÄUTERSAUCE
 30 g    Kresse, einige Spinatblätter
 20 g    Petersilie, Kerbel, Estragon
 30 g    Schnittlauch und wenig
         Löwenzahnblätter
  2 dl   Oel
0,5 dl   Zitronensaft
 10 g    mittelscharfer Senf
0,5 dl   Rahm
  2      Eier, hart gekocht, geschält
         Salz, frisch gemahlener Pfeffer
 10      kleine Radieschen zum
         Garnieren
```

Zubereitung:
Pilze kurz waschen, würzen und mit Mehl bestäuben.
Eier mit Käse verquirlen. Pilze darin wenden und mit Brösel panieren. Bei 170°C fritieren, gut abtropfen. Für die Kräutersauce Senf, Zitronensaft, Oel und Rahm zu einer Vinaigrette verarbeiten, die fein gehackten Kräuter und Eier darunterrühren, abschmecken und zu den Pilzen reichen.

Anmerkung:
Sehr heiss servieren!

FLEISCH- UND HAUPTGERICHTE

GITZICHÜECHLI

Appenzeller Rezept

In den Hügeln des Appenzells hat die Ziege den idealen Lebensraum gefunden. Ihre Milch wird mit Vorliebe für die Käsebereitung, das Fleisch jedoch höchstens als getrockneter Schlegel verwendet.

Das Fleisch des Ziegenlamms oder Gitzis hingegen gilt als Delikatesse, die nur an hohen Festtagen wie zum Beispiel an Ostern serviert wird. Das in einem Bierteig fritierte Fleisch, eine ausgesprochene Appenzeller Spezialität, erinnert an den «Gitziprägel» des Kantons Graubünden.

Für 5 Personen
Zubereitungszeit: 1 1/2 Stunden

1,2 kg	Gitzi (Schulter, Hals und Brust) mit Bein
2 l	Wasser
1 dl	Weisswein
100 g	Röstgemüse, in Würfel geschnitten
	Thymian, Majoran, Lorbeer, Rosmarin, Basilikum, Gewürznelken
	Salz und Pfeffer
40 g	Mehl
250 g	Bierteig
	Oel für Fritüre

Zubereitung:

Gitzi in längliche Stücke schneiden.
Mit Weisswein, Wasser, Röstgemüse und Gewürz knackig kochen, im Sud erkalten lassen.
Knochen entfernen und das Fleisch für späteren Gebrauch in den Sud zurücklegen.
Fleischstücke herausnehmen, gut abtropfen lassen, mit Mehl leicht stäuben und durch den Backteig ziehen.
Nicht zu heiss goldgelb fritieren, abtropfen lassen.
Mit Tartarsauce, Zitronenschnitzen und knusprig gebackener, leicht gesalzener Petersilie servieren.

Getränk: Pinot noir vom Bündnerland.

APPENZELLER MUSIKANTEN

ZÜRCHER ZUNFTSPIESSLI

Zürcher Rezept

Für 5 Personen
Zubereitungszeit: 30 Minuten

750 g	Kalbsleber in 25 Stücke von 30 g
	Salz und frisch gemahlener Pfeffer
25	kleine Salbeiblätter
150 g	geräucherter Magerspeck, in 25 Scheiben
100 g	Butter

Zubereitung:

Leber würzen, mit Salbei belegen und jedes Stück in eine Speckscheibe einrollen.
Je 5 Stück an ein Spiesschen stecken.
In Butter rundum anbraten, einige Minuten im Ofen ziehen lassen oder auf schwachem Feuer unter öfterem Begiessen nicht ganz durchbraten.
Die Spiesschen auf grünen Bohnen anrichten und mit der restlichen Butter aus der Bratpfanne beträufeln.
Dazu passt eine Rösti.

Getränk: Zürcher Pinot noir.

GEFÜLLTE HÄHNCHEN MIT PERLZWIEBELN UND CHAMPIGNONS

Solothurner Rezept

Von 1521, der ersten militärischen Kapitulation, bis zum Jahr 1792, als der letzte französische Diplomat die Stadt verliess, unterhielt Solothurn enge Beziehungen zu Frankreich, dem sie regelmässig Söldner schickte. Frankreich und seine Gesandten beeinflussten den Geschmack der Solothurner Patrizier sowohl in der Architektur wie in der Kochkunst; davon zeugen nicht nur zahlreiche, nach französischem Vorbild gestaltete Bauten, sondern auch eine Reihe von erlesenen Gerichten.

Für 6 Personen
Zubereitungszeit: 1 1/4 Stunden

3	Hähnchen von je 600 g (mit der Leber)
100 g	Kalbfleisch, gehackt
100 g	Schweinefleisch, gehackt
80 g	Milchbrot, in kleine Würfel geschnitten
50 g	geräucherter Magerspeck, gehackt
50 g	geräucherter Magerspeck, in dünne Scheiben geschnitten
20 g	Schnittlauch, fein geschnitten
3 dl	trockener Weisswein
2 dl	Bratensauce vom Huhn
50 g	Mehlbutter, halb-halb
100 g	Perlzwiebeln, blanchiert
100 g	kleine, frische Champignons Majoran, Salz und Pfeffer
100 g	Butter

Zubereitung:

Kalb- und Schweinefleisch, gehackte Leber sowie gehackten Magerspeck mit dem Brot und 1 dl Weisswein zu einer festen Masse verarbeiten, würzen.

Hähnchen füllen, binden und würzen.

Mit Speck umlegen und in der Hälfte der Butter im Ofen 30 Minuten rundum schön anbraten.

Herausnehmen und warm stellen. Im selben Bratgeschirr die Perlzwiebeln und Champignons dämpfen.

Mit Weisswein ablöschen, Bratensaft dazugeben, aufkochen und mit Mehlbutter binden, abschmecken und Majoran beifügen.

Restliche Butter in Flocken zur Sauce rühren.

Hähnchen halbiert anrichten, mit Zwiebeln und Champignons garnieren, Sauce darübergiessen und mit Schnittlauch bestreuen.

Getränk: Salvagnin, Genfer Gamay oder Dôle.

ST. GEORGS-BRUNNEN IN SOLOTHURN (1548)

RINDSHUFT-SPITZ AN SALVAGNIN

Waadländer Rezept

Für 5 Personen
Zubereitungszeit: 2 1/2 Stunden

1 kg	Huftspitze
7 dl	Salvagnin (Waadtländer Rotwein)
100 g	Röstgemüse (Sellerie, Karotten, Zwiebel)
100 g	Butter
1 dl	Oel
400 g	Gemüse: Karotten und weisse Rüben, gefällig geschnitten, Perlzwiebeln, Broccoli oder Blumenkohlröschen, eventuell feine, grüne Bohnen
400 g	Kartoffeln (in der Grösse von Schmelzkartoffeln)
	Salz, Pfeffer und Bohnenkraut

Zubereitung:

Gut parierte, nach Wunsch mit Rükkenspeck durchzogene Huftspitze würzen und im heissen Oel rundum schön anbraten.

Das Röstgemüse etwa 15 Minuten mitdämpfen.

Das Oel abgiessen, mit 2 dl Wein ablöschen und einkochen lassen.

Diesen Vorgang dreimal wiederholen, das Fleisch unter häufigem Begiessen gar kochen.

Huftspitze warm stellen, Sauce sieben und abschmecken.

Das Gemüse in Salzwasser kurz aufkochen, abtropfen und in Butter knakkig weich dämpfen.

Das Fleisch aufschneiden, mit dem Fond überziehen und mit Gemüse und Schmelzkartoffeln (nach traditionellem Rezept zubereitet) garnieren.

BERNERPLATTE

Berner  Rezept

Der Volksmund behauptet, dass die Berner Platte zum ersten Mal am 5. März 1798 serviert wurde, als die Berner Truppen bei Neuenegg die Franzosen in die Flucht schlugen. Unter Jubel begrüsst, versammelten sich einige wackere Krieger im Hotel Kreuz in Wohlen. Die Frauen des Dorfes trugen alles, was sich im Hause an Essbarem finden liess, zu einem Festmahl zusammen, und bald war dieses klassische Beispiel helvetischer Kochkunst geboren.

Für 6-8 Personen
Zubereitungszeit: 3 Stunden

1	Schweinshaxe, gepökelt, oder «Gnagi»
200 g	Rindszunge, gepökelt oder geräuchert
400 g	Siedfleisch
200 g	Magerspeck, gepökelt oder geräuchert
400 g	Rippli, geräuchert
200 g	Berner Zungenwurst
8	Markknochen
200 g	Emmentalerli
80 g	Zwiebeln, gehackt
50 g	Schweineschmalz
8 dl	Fleischbrühe
	Majoran, Bohnenkraut, Pfeffer und Muskat
150 g	Gemüsebündel
1-1,5 kg	getrocknete grüne Bohnen, 24 Stunden im voraus eingeweicht

Zubereitung:

Zwiebeln im Schmalz glasig dämpfen, die abgetropften Bohnen beifügen und Fleischbrühe darübergiessen.

Mit Rippli und Speck 45 Minuten kochen, Zungenwurst dazugeben und weitere 15 Minuten auf schwachem Feuer kochen, zuletzt Emmentalerli 7 Minuten darin erhitzen.

In einem zweiten Kochtopf Siedfleisch, Zunge und Gnagi mit dem Gemüsebündel im gewürzten Wasser garen. Die Markknochen in wenig Fleischbrühe pochieren.

Die Bohnen auf einer grossen Platte anrichten, das aufgeschnittene Fleisch appetitlich darauf anordnen.

Dazu mit gehackter Petersilie bestreute Salzkartoffeln servieren.

Anmerkung:

Die gepökelten Fleischstücke mindestens 12 Stunden wässern.

Anstelle von Dörrbohnen lassen sich frische Bohnen oder Gemüsesorten wie Weisskohl, Sauerkraut und Weissrüben einzeln oder kombiniert verwenden.

Für Familienfeste wie Geburtstage oder Taufen wird das Gericht mit geräuchertem Beinschinken bereichert.

Getränk: Twanner oder Salvagnin der La Côte.

FASSADENMALEREI AN EINEM BERNER GASTHOF (1729)

KANINCHEN «BEDRETTOTAL»

Tessiner Rezept

Der Tessin entspringt am Nufenenpass und fliesst durch das Bedrettotal, bevor er sich in die milderen Gefilde des nach ihm benannten Kantons ergiesst. Für die Bevölkerung dieses engen, kargen Tales, das Jahrhunderte hindurch immer wieder von Lawinen und Erdrutschen heimgesucht wurde, bedeutete Fleisch ein unerreichbarer Luxus. Noch zu Beginn dieses Jahrhunderts beschränkte sich der Genuss von Fleischgerichten wie diesem Kaninchenragout auf hohe Feiertage.

Für 3-4 Personen
Zubereitungszeit: 1 1/4 Stunden

1	Kaninchen, etwa 1,3 kg, in Stücke geschnitten (Leber in Streifen geschnitten)
100 g	geräucherter Magerspeck, in Stäbchen geschnitten
30 g	Butter
	Rosmarin, Majoran und Thymian
4 dl	Rotwein
3 dl	Bratensauce
50 g	frische Steinpilze
100 g	Zwiebeln und Karotten zu gleichen Teilen, feinblättrig geschnitten
	Salz und Pfeffer
1 dl	Rahm
	POLENTA
250 g	Maisgriess, wenn möglich 2 verschiedene Mahlungen
1 l	Wasser
3 dl	Rindfleischbrühe
	Salz

Zubereitung:

Den Speck in Butter anbraten, das gewürzte Fleisch darin leicht Farbe nehmen lassen.

Fett abschütten, mit Rotwein ablöschen, Zwiebeln, Karotten und Gewürzkräuter beigeben und leicht einkochen.

Mit der Bratensauce etwa 40 Minuten schmoren. Steinpilze hinzufügen und fertig garen.

Fleisch anrichten, Sauce leicht einkochen, Rahm darunterrühren, abschmecken und über das Fleisch giessen.

Die Leber in der Bratpfanne kurz braten und das Kaninchen damit garnieren.

Mit Polenta servieren.

POLENTA

Wasser, Bouillon und Salz aufkochen.
Maisgriess nach und nach einrühren, mit einem Holzlöffel von unten nach oben gut durcharbeiten.

Auf schwachem Feuer während mindestens 90 Minuten ziehen lassen und immer wieder kehren, damit die Polenta nicht anbrennt.

Auf ein Holzbrett schütten und einen 1,5 cm hohen, runden Kuchen formen. An der Wärme leicht trocknen lassen. In 3-4 cm breite Kuchenstücke schneiden.

Getränk: Tessiner Merlot.

RISOTTO AL VERDE

Tessiner Rezept

(Spinat-Risotto)

Der Risotto, ein Abkömmling der Lombardei, machte im 18. Jahrhundert in bürgerlichen Kreisen als Höhepunkt festlicher Mahlzeiten von sich reden. Erst später hielt er auf den Tischen der Tessiner Bevölkerung Einzug, zuerst als Weihnachtsmahl und zu besonderen Anlässen, und schliesslich als Sonntagsgericht schlechthin.

RISOTTO AN DER FASTNACHT IN LUGANO

Für 5 Personen
Zubereitungszeit: 45 Minuten

250 g	Vialone oder Arborio-Reis
80 g	Butter
80 g	Zwiebeln, fein gehackt
200 g	Blattspinat
1 dl	Weisswein
6 dl	Rindfleischbrühe
	Salz, Pfeffer und Muskat
80 g	Parmesan oder Sbrinz, gerieben

Zubereitung:

Zwiebeln und Reis in Butter glasig dämpfen, 2/3 der Fleischbrühe dazugiessen, würzen und 12 Minuten kochen. Unterdessen den Spinat grob gehackt in 20 g Butter knackig weichdämpfen und zum vorgekochten Risotto geben.

Mit Weisswein und der restlichen Bouillon «al dente» kochen.

30 g Butterflocken und Käse darunterrühren.

Anmerkung:

Der Reis soll leicht flüssig sein.

Getränk: Weisswein Mezzana oder Merlot nostrano.

KUTTELN IN MOST

Thurgauer Rezept

Für die Zubereitung von Kutteln, einer Lieblingsspeise von François Rabelais, existieren ebenso zahlreiche Rezepte wie Regionen. Beliebt sind vor allem die Versionen aus Zürich, Schaffhausen und Neuenburg. Die Thurgauer Kutteln zeichnen sich durch die Verwendung von Most aus, einem einheimischen Produkt, das dem Kanton den Spitznamen «Mostindien» einbrachte.

MOSTKRUG, FAYENCE VON 1690

Für 5 Personen
Zubereitungszeit: 45 Minuten

800 g	*vorgekochte Kutteln, in grobe Streifen geschnitten*
100 g	*Zwiebeln, gehackt*
1-2	*Knoblauchzehen, fein gehackt*
2 dl	*klare Bratensauce*
2 dl	*Most (vergorener Apfelsaft)*
	Salz und Pfeffer
10-20 g	*Kümmel*
1/2	*Zitrone (Saft)*
20 g	*Butter*
1,5	*Kompottäpfel, pochiert*

Zubereitung:

Zwiebeln und Knoblauch in Butter glasig dämpfen.

Mit den Kutteln 5 Minuten weiterdämpfen. Mit Most ablöschen, mit Bratensaft aufkochen, abschmecken und etwa 30 Minuten sachte simmern lassen.

5 Minuten vor dem Servieren Kümmel und Zitronensaft beifügen und mit Apfelvierteln garniert anrichten.

Dazu werden in Fleischbrühe gekochte Kartoffeln serviert.

Getränk: Bier, Fendant oder Rosé de Romandie.

FLEISCH- UND HAUPTGERICHTE

ZÜRCHER GESCHNETZELTES

Zürcher Rezept

Niemand kennt den eigentlichen Ursprung dieses typischen Zürcher Gerichts, das weit über die Landesgrenzen hinaus bekannt ist und gelegentlich bis zur Unkenntlichkeit abgewandelt wird. Jener kulinarisch bewanderte Autor, der das geschnetzelte Kalbfleisch an Rahmsauce unter die zehn berühmtesten Rezepte der Welt einstufte, hätte den Zürchern keine grössere Freude bereiten können.

Für 5 Personen
Zubereitungszeit: 45 Minuten

450 g	Kalbseckstück, von Hand geschnetzelt
300 g	Kalbsnieren ohne Fett, von Hand geschnetzelt
80 g	Butter
80 g	Schalotten, gehackt
150 g	frische Champignons Salz und Pfeffer wenig Basilikum
1 dl	Weisswein
2 dl	Rahm
30 g	Mehlbutter, halb-halb
1 dl	klare Bratensauce
1/4	Zitronenschale, in feine Streifen geschnitten
20 g	Petersilie, gehackt

Zubereitung:

In einer Bratpfanne Kalbfleisch und Nieren separat in Butter gut heiss anbraten, würzen und in einer Schüssel warmstellen.

In der gleichen Bratpfanne Schalotten glasig dämpfen, die in Scheiben geschnittenen Pilze dazugeben, würzen und kurz mitdämpfen.

Mit Wein ablöschen und mit Bratensauce aufkochen.

Die Pilze herausnehmen und zum Fleisch geben.

Die Sauce sieben und mit Mehlbutter binden, Rahm beifügen und gut durchkochen.

Fleisch, Pilze und Zitronenstreifen sachte daruntermischen und mit Petersilie bestreut anrichten.

Anmerkung:
Wird öfters ohne Nieren zubereitet.

Getränk: Dorin von Aigle, ein Walliser Ermitage oder ein Rafzer.

RÖSTI NACH ZÜRCHER ART

Zürcher Rezept

Für 5 Personen
Zubereitungszeit: 30 Minuten

900 g	rohe Kartoffeln, mit einer Röstiraffel gerieben
80 g	Zwiebeln, gehackt
50 g	geräucherter Magerspeck, in Stäbchen geschnitten
50 g	Schweineschmalz oder Butter Salz, Pfeffer und Muskat wenig Schnittlauch, fein geschnitten, wenig Petersilie, gehackt

Zubereitung:

Speck und Zwiebeln in Schmalz oder Butter glasig dämpfen, die Kartoffeln mit wenig Kräutern dazugeben, würzen und unter öfterem Rühren mit dem Holzspachtel anbraten.

Einen runden Kuchen formen und beidseitig goldbraun braten.

Mit den restlichen Kräutern garniert anrichten.

Anmerkung:
Die ideale Beilage zu geschnetzeltem Kalbfleisch an Rahmsauce.

RÖSTI-VARIANTEN
Verschiedene Schweizer Kantone

— *Bärner Rösti:* Aus geriebenen Schalenkartoffeln, gesalzen und mit Schweineschmalz gebraten.
— *Schpäck-Rösti:* Wie oben, unter Zugabe von wenig Rahm und in Stäbchen geschnittenem geräuchertem Magerspeck.
— *Zürihegel Kümmel-Rösti:* Wie Bärner Rösti, unter Zugabe von Kümmel und gehackten, glasig gedämpften Zwiebeln.
— *Rösti mit Ei:* Bärner Rösti mit Spiegelei darauf.
— *Rösti mit Emmentaler:* Wie Bärner Rösti, vor dem Braten mit geriebenem Emmentaler mischen.
— *Rösti mit Aepfeln:* 2/3 geriebene Schalenkartoffeln und 1/3 geriebene Aepfel mischen; braten wie Bärner Rösti.
— *Jura-Rösti:* Wie Bärner Rösti, unter Zugabe von gehackten Zwiebeln, Salz und Pfeffer, in Oel oder Schweineschmalz gebraten, mit gebratenen geräucherten Magerspeckscheiben belegen und mit geriebenem Greyerzer bestreuen.

RATSHERRENPLATTE

Zürcher Rezept

Dieses Gericht, das gelegentlich auch «Zouftschriibertopf» genannt wird, bildete früher den traditionellen Schlusspunkt der Zürcher Parlamentssitzungen. Kaum war die Tagung vorüber, strömten die Volksvertreter in die berühmten «Zouftstuben», um ihre ob all den hitzigen Debatten ausgetrockneten Kehlen zu spülen und sich an diesem reichhaltigen Mahl zu stärken, dem übrigens auch die Zunftmitglieder nicht abgeneigt waren.

Für 5 Personen
Zubereitungszeit: 1 1/2 Stunden

200 g	Kalbsfilet, in Medaillons geschnitten
200 g	Kalbsleber, in Streifen geschnitten
200 g	Rindsfilet, in Medaillons geschnitten
200 g	Kalbsmilken, blanchiert und in Scheiben geschnitten
150 g	Kalbsnieren, in Scheiben geschnitten
1 dl	Oel
75 g	geräucherter Speck, in Scheiben geschnitten
400 g	frische grüne Erbsen
200 g	Karotten, fein geschnitten
200 g	kleine, frische Champignons, ganz
100 g	Schalotten, gehackt
80 g	Butter
500 g	Kartoffeln, in nussgrosse Kugeln ausgestochen
	Salz und Pfeffer

Zubereitung:

Das Fleisch grillieren und würzen.
Das Gemüse einzeln blanchieren und würzen.
Schalotten und Pilze anziehen lassen, Kartoffelkügelchen goldgelb braten.
Das Gericht auf einer grossen Platte sorgfältig anrichten.
In einer Saucière den mit Salbei gewürzten Bratensaft dazu reichen.

Getränk: Clevner Stadtberger oder Dôle von Salquenen.

SCHAFS-VORESSEN «BÉNICHON»

Freiburger Rezept

Die «Bénichon», früher der Jahrestag einer Kirchweihe, findet im Flachland am zweiten Sonntag im September, in den Bergen am zweiten Sonntag im Oktober statt, nachdem das Vieh von der Alp in die Dörfer zurückgekehrt ist. Die «Bénichon» wird noch heute als eines der wichtigsten Volkfeste des Kantons Freiburg mit Tanzveranstaltungen und einem Reigen kulinarischer Genüsse gefeiert.

Für 5 Personen
Zubereitungszeit: 1 3/4 Stunden

800 g- 1 kg	Schafsschulter ohne Bein
0,5 dl	Oel
1 dl	Weisswein
4 dl	Rindfleischbrühe
	Salz und Pfeffer
80 g	Rosinen
	Muskatblüte, Thymian, Salbei Majoran und Petersilie
2	Knoblauchzehen, gehackt
80 g	Lauch und Knollensellerie, zu gleichen Teilen, feinblättrig geschnitten
80 g	Zwiebeln, grob geschnetzelt
1 dl	Bratensauce

Zubereitung:

Fleisch würzen und in heissem Oel rundum anbraten.

Zwiebeln, Knoblauch und Gemüse beifügen und glasig dämpfen.

Mit Weisswein ablöschen, Rosinen und Gewürzsäcklein dazugeben, mit Fleischbrühe auffüllen. Auf schwachem Feuer mindestens 1 Stunde kochen und abschmecken.

Nach Wunsch das Gericht mit Rahm binden.

Anmerkung:

Dazu passen Kartoffelbrei und leicht säuerliche, leicht caramelisierte Kompottbirnen.

Getränk: Pinot-Gamay vom Vully.

MARINIERTER LAMMSCHLEGEL GESPICKT

Berner  Rezept

«A point» oder «saignant» gebratenes Fleisch ist eine Erfindung des zwanzigsten Jahrhunderts. Dieses althergebrachte Rezept erinnert uns daran, dass die erklärte Liebe unserer Ahnen den ausgiebig geschmorten Gerichten galt.

Für 6 Personen
Zubereitungszeit: 2 Stunden

1	Lammschlegel von 1,3 bis 1,5 kg Salz Marinade
100 g	Rückenspeck
100 g	geräucherter Magerspeck, in Scheiben wenig abgeriebene Zitrone
3 dl	Rindfleischbrühe
20 g	Butter
2 dl	Rahm
2 dl	Rotwein
25 g	Mehl

MARINADE

1 dl	Rotweinessig
2 dl	Wasser
100 g	Zwiebeln, grob geschnitten
50 g	Lauch, feinblättrig geschnitten einige Wacholderbeeren einige schwarze oder weisse Pfefferkörner
1	Lorbeerblatt und Gewürznelke, wenig Rosmarin Zutaten mischen

Zubereitung:

Schlegel mit Salz einreiben, in der Marinade einige Tage in den Kühlraum stellen und hie und da wenden.

Das Fleisch wie einen Rehschlegel mit Rückenspeck spicken.

Den Boden einer Schmorpfanne mit geräuchertem Speck auslegen, den Gigot darauf geben und mit Marinade, Zitrone und Rindfleischbrühe im Ofen zugedeckt während 30 Minuten garen.

Mit Butter und Mehl eine leicht bräunliche Schwitze ansetzen und abkühlen.

Mit Rotwein anrühren, zum Bratenfond giessen und weitere 20 Minuten schmoren lassen.

Den Schlegel herausnehmen, in Scheiben schneiden und anrichten.

Die gesiebte Sauce mit Rahm aufkochen und abschmecken. Das Fleisch mit wenig Sauce übergiessen. Den Rest separat servieren.

Anmerkung:

Glasierte Kastanien und Schmelzkartoffeln dazu reichen.

Getränk: Schafiser Pinot noir.

ST. GALLER KÄSE-KLÖSSE

St. Galler Rezept

Der Tilsiter stammt aus der Ostschweiz, insbesondere aus dem Kanton St. Gallen, wo ebenfalls Appenzellerkäse hergestellt wird. Er erreicht seinen vollen Reifegrad innert 5 Monaten dank dem geringen Gewicht und dem hohen Feuchtigkeitsgehalt der Laibe.

Für 6-10 Personen
Zubereitungszeit: 1 1/4 Stunden

0,5 dl	Milch
0,5 dl	Wasser
100 g	Butter
10 g	Salz
250 g	Mehl
6	Eier
200 g	gut gelagerter Tilsiter, gerieben
100 g	Schinken, in kleine Würfel geschnitten
	Muskat und frisch gemahlener Pfeffer
	Oel für Fritüre

Zubereitung:

Milch und Wasser mit Salz aufkochen. Butter darin zergehen lassen, Mehl im Sturz dazugeben und gut rühren; die Masse sollte sich von Kochtopfrand und Boden lösen.

Etwas auskühlen lassen. Nach und nach die Eier einzeln darunterrühren, Käse und Schinken beimischen. Mit 2 Esslöffeln eiförmige Klösse formen und bei 190°C goldgelb und knusprig fritieren. Dazu ein mit fein gehacktem Basilikum gewürztes Tomatenmark aus frischen Tomaten servieren.

Getränk: Riesling-Sylvaner oder Dorin de La Côte.

HIRSCHKOTELETT MIT ALPENKRÄUTERSCHNAPS

Walliser Rezept

Für 5 Personen
Zubereitungszeit: 20 Minuten
+ Marinierzeit

10	Hirschkoteletts oder Filetschnitzel von 80 g
1 dl	Alpenkräuter- oder Wacholderschnaps
10	Wacholderbeeren
	Salz und Pfeffer
2 dl	Rahm
50 g	Butter
0,5 dl	Oel

Zubereitung:

Das küchenfertige Fleisch 5-6 Stunden mit dem Schnaps und den zerdrückten Wacholderbeeren marinieren. Aus der Marinade nehmen, gut abtropfen lassen, mit Küchenkreppapier trocknen und würzen.

Das Fleisch in der Pfanne rosé braten und warmstellen. Mit der gesiebten Marinade ablöschen und sirupartig einkochen. Rahm beifügen, 3 Minuten kochen und Butterflocken einrühren.

Die Sauce separat servieren.

Anmerkung:

Als Beilage passen frische Nudeln, Preiselbeersauce und halbe Kompottäpfel.

Getränk: Walliser Pinot noir.

GENFER SCHWEINSFRIKASSEE

Genfer Rezept

Das Schlachten eines Schweines, das nur wenige Male pro Jahr unternommen wurde, war für die Genfer Landbevölkerung lange Zeit ein gesellschaftliches Ereignis, auf das sie sich wochenlang freute. Mit gutem Grund, denn es endete mit diesem herzhaften Frikassee, das allein ein Fest wert war.

Für 5 Personen
Zubereitungszeit: 1 1/2 Stunden

800 g	Schweinslaffen-Ragoutstücke
1	Schweinsfuss
	Salz und Pfeffer
100 g	geräucherter Magerspeck
200 g	Perlzwiebeln
2 dl	Rahm
2 cl	Marc oder Cognac
30 g	Schweineschmalz und Oel
	MARINADE
1 l	Gamay (Genfer Rotwein)
5 g	Wacholderbeeren
150 g	Röstgemüse, Majoran, Thymian, Salz und Pfeffer

Zubereitung:

Das Fleisch während 48 Stunden im Kühlschrank marinieren, zwei bis dreimal umrühren.

Fleisch gut abtropfen lassen und trocknen. Zusammen mit dem halbierten Schweinsfuss im Fett rundum heiss anbraten.

Mit dem abgegossenen Gemüse kurz dämpfen, Marinade dazugeben und zugedeckt eine Stunde schmoren. Die Sauce 1/3 einkochen, mit Rahm und Alkohol abrunden und abschmecken.

Die Perlzwiebeln in Butter glasieren und weich dämpfen, die Speckstäbchen blanchieren und kurz braten.

Das Fleisch aus der Sauce nehmen und anrichten. Schweinsfussfleisch in grobe Würfel geschnitten dazugeben und die Sauce über das Fleisch giessen. Mit Perlzwiebeln und Speckstreifen garnieren.

Getränk: Genfer Pinot noir.

GEFÜLLTER WEISSKOHL «LA BÉROCHE»

Neuenburger Rezept

La Béroche, ein Gebiet, das die mehrere Dörfer zählende Gemeinde Saint-Aubin umfasst, darf auf eine traditionsreiche Vergangenheit zurückblicken. Seine Bewohner haben von den Seigneuren von Gorgier nicht nur etliche Tafelfreuden, sondern auch den dazu notwendigen fruchtbaren Boden übernommen. Zu den bekanntesten Erzeugnissen gehört neben dem Kohl die Zwetschge, aus der ein Branntwein, der «Bérudge», gewonnen wird.

Für 5 Personen
Zubereitungszeit: 1 1/2 Stunden

600 g	Weisskohlblätter
150 g	Kalbsbrät
150 g	Schweinsbrät
150 g	Schinken und geräucherter Magerspeck, in feine Würfel geschnitten
3	Eigelb
80 g	Weissbrotbrösel
60 g	Schalotten, gehackt
5	grosse Rückenspeckscheiben
150 g	Gemüsebündel
5 dl	leichte Rindfleischbrühe
	Salz, Pfeffer und Muskat
1	Kalbsfuss, der Länge nach halbiert, und 3/4 Stunde in Fleischbrühe oder Salzwasser vorgekocht

Zubereitung:

Die Kohlblätter kurz aufkochen, abkühlen und in 5 Portionen aufteilen.

Das Fleisch mit Bröseln, Schalotten, Gewürz und Eigelb mischen, die Füllung auf das Gemüse geben, die Portionen zu kleinen Beuteln formen, mit Rückenspeck umwickeln und mit Faden kreuzweise binden.

In ein passendes Geschirr einordnen und mit dem Gemüsebündel und dem Kalbsfuss in der Fleischbrühe etwa 45 Minuten schmoren.

In einer Platte anrichten, wenig Fleischbrühe darübergiessen und mit dem in Würfel geschnittenen Kalbsfuss garnieren.

Getränk:
Weisswein vom Schlossgut Auvernier oder Neuenburger Pinot noir.

GENFER HÜHNERFRIKASSEE

Genfer Rezept

Dass die Genfer eine ausgesprochene Vorliebe für Geflügel hegen, liegt wohl an der unmittelbaren Nachbarschaft Frankreichs und vor allem der Bresse. Die Hühner aus diesem berühmten Geflügelzuchtgebiet sollen laut Brillat-Savarin «prall wie ein Apfel» sein

Für 4 Personen
Zubereitungszeit: 1 1/2 Stunden

1	Masthuhn von 1,3 kg, in Stücke geschnitten,
150 g	Butter
300 g	Zwiebeln, geschnitten
700 g	Kartoffeln, in Würfel geschnitten
150 g	Steinpilze
1 dl	Bratensauce (von Geflügelknochen) Basilikum und frischer Rosmarin
4	Knoblauchzehen
2 dl	Weisswein Salz und Pfeffer
20 g	Petersilie, gehackt

Zubereitung:

Die Zwiebel in 60 g Butter glasig dämpfen, gewürzte Hühnerstücke, Basilikum und die Hälfte des zerdrückten Knoblauchs dazulegen, mit Weisswein ablöschen, Bratensauce dazugiessen und 3/4 garen.

In der Bratpfanne die blanchierten Kartoffeln in Butter zu 3/4 garen, Rosmarin mitschwenken und würzen.

Die geschnittenen Steinpilze, den restlichen, gehackten Knoblauch und die Petersilie in einem kleinen Kochgeschirr kurz erhitzen und würzen.

Das Huhn in einer Gratinplatte, wenn möglich aus Kupfer, anrichten, die Steinpilzmischung darauf verteilen und die Kartoffeln um das Fleisch legen.

Die Sauce darübergiessen und im Ofen bei 190°C rund 7 bis 10 Minuten simmern lassen.

Getränk: Perlan du Mandement.

GEFÜLLTER SCHWEINSFUSS

Schwyzer Rezept

Der Schweinsfuss, Vertreter der preisgünstigen Fleischstücke, beglückt keineswegs nur anspruchslose Esser. Er hat sogar besonders begeisterte Anhänger gefunden, die ihn wie in diesem Rezept gekonnt ihrem Geschmack anpassen.

Für 6 Personen
Zubereitungszeit: 3 Stunden

6	Schweinsfüsse ungesalzen
1	Zwiebel, gespickt
1	Gemüsebündel
	Salz und Pfeffer
	FÜLLUNG
300 g	Schweinsschulterfleisch, gehackt
3	Weggli (Milchbrötchen), in Milch eingelegt und ausgedrückt
60 g	Zwiebeln gehackt, leicht angedämpft
	Salz und Pfeffer
2	Eier
1 dl	Oel
	SAUCE
2 dl	Milch
3 dl	Kochbrühe der Schweinsfüsse
1 dl	Rahm
2	Eigelb
20 g	Petersilie, gehackt
40 g	Mehlbutter, halb-halb

Zubereitung:
Die Füsse, gespickte Zwiebel und Gemüsebündel mit Wasser zugedeckt 2-3 Stunden kochen.
Die Brühe beiseitestellen, die Knochen aus den (noch warmen) Füssen herauslösen, das Fleisch zwischen 2 Holzbrettern beschweren und erkalten lassen.
Für die Füllung sämtliche Zutaten (ohne Oel) mischen, die Füsse füllen, gut andrücken und im Kühlschrank ruhen lassen.
Die Füsse in Oel anbraten, im Ofen etwa 20 Minuten schmoren und Farbe nehmen lassen, warm stellen.

SAUCE
Kochbrühe und Milch aufkochen, mit Mehlbutter binden und 5 Minuten kochen lassen, abschmecken.
Rahm und Eigelb verquirlt einrühren, nicht mehr kochen.
Die gebratenen Füsse in einer gebutterten Gratinplatte anrichten, mit Sauce übergiessen und Petersilie bestreuen.

Anmerkung:
Mit Kartoffelnocken (siehe Rezept) servieren.

Getränk: Goron aus dem Wallis.

FLEISCH- UND HAUPTGERICHTE

SCHWYZER KARTOFFEL-NOCKEN

Schwyzer Rezept

Spätzli und Nocken galten früher als nahrhaftes Kernstück einer Hauptmahlzeit, werden jedoch heute vorwiegend als Beilage zu Saucengerichten serviert. Das vorliegende Rezept verdankt sein rezentes Aroma dem Sbrinz, einer der ältesten Käsesorten der Schweiz; er war den römischen Schriftstellern bereits im 1. Jahrhundert nach Christus unter dem Namen «caseus helveticus» ein Begriff.

Für 8-10 Personen
Zubereitungszeit: 45 Minuten

1 kg	Kartoffeln, geschält
6	Eier
1,5 dl	Milch
180 g	Mehl
80 g	Butter
	Salz, Pfeffer und Muskat
200 g	Sbrinz, gerieben

Zubereitung:

Die in grosse Würfel geschnittenen Kartoffeln im Salzwasser kochen, abtropfen und im Ofen kurz trocknen lassen.

Auskühlen und durchs Passevite treiben.

Eier, Milch und Mehl gut mischen, die Kartoffeln dazugeben, zu einer festen Masse rühren und würzen.

Auf einem gestäubten Brett Rollen von 2,5 cm Durchmesser formen, 5-7 cm lange Stücke abschneiden und in kochendem Salzwasser 6 Minuten pochieren.

Gut abtropfen lassen und in der Bratpfanne in Butter leicht bräunen.

Anrichten, mit Käse bestreuen und den Rest der bräunlichen Butter darübergiessen.

Anmerkung:

Dazu passt ein mit Kräutern gewürztes Tomatenmark aus frischen Tomaten.

Getränk: Gutedel, Chasselas oder ein Weisswein der La Côte.

SCHWEINS-PFEFFER ROMOOS

Luzerner Rezept

Für 8 Personen
Zubereitungszeit: 2 Stunden

1,5 kg	mageren Schweinshals, in Stücken von 40 g
80 g	Butter
30 g	Mehl
4 dl	Rotwein
4 dl	Marinade
	Zweiglein Majoran
	Salz, Pfeffer und Muskat
4 dl	Bratensauce
200 g	Wald- oder Zuchtpilze
400 g	Brotteig aus Vollkornmehl
1	Ei
	MARINADE
4 dl	Rotwein
2 dl	Weinessig
	Salz, ca. 10 Pfefferkörner
1	gespickte Zwiebel
150 g	Karotten und Lauch zu gleichen Teilen, in Würfel geschnitten

Zubereitung:

Die Marinade aufkochen und erkalten lassen.

Den Schweinshals 2-4 Tage im Kühlschrank marinieren, gelegentlich umrühren.

Das Fleisch abtropfen lassen, im Oel allseitig schnell anbraten und das Oel abgiessen.

Das abgetropfte Gemüse in Butter 7 Minuten mitdämpfen, mit Mehl bestäuben, gut vermischen und mit Rotwein ablöschen.

Bratensauce und 4 dl Marinade dazugiessen und 60 Minuten zugedeckt bei schwacher Hitze schmoren. Die gespickte Zwiebel herausnehmen.

Fleisch und Gemüse in einer feuerfesten, tiefen Platte anrichten, die zur Hälfte eingekochte Sauce beifügen.

Die in Viertel geschnittenen Pilze beifügen und über das Fleisch geben.

Den Rand der Platte mit Wasser anfeuchten, mit Teig bedecken und mit Ei bestreichen. In der Mitte eine 10 mm breite Oeffnung anbringen und einen 4 cm hohen Kamin aus Pergamentpapier hineinstecken, damit der Dampf entweichen kann.

Im Ofen während 20 Minuten bei 180°C backen.

Getränk: Twanner oder Pinot noir.

NOCKEN MIT GORGONZOLA

Tessiner Rezept

Dieses Gericht, ein abgewandeltes piemontesisches Rezept, widerspiegelt die zahlreichen Einflüsse, die sich die schweizerischen Regionalküchen zunutze machten. Die gehaltvollen, würzigen Nocken eignen sich als Hauptgericht oder als warme Vorspeise.

Für 6 Personen
Zubereitungszeit: 45 Minuten

1,2 kg	Kartoffeln, ungeschält
300 g	Mehl
3	Eier
2	Eigelb
50 g	frisches, eingekochtes Tomatenmark von etwa 200 g geschälten, entkernten und pürierten Tomaten
	Salz, Pfeffer und Muskat
200 — 250 g	Gorgonzola
3,5 dl	Rahm

Zubereitung:

Die Kartoffeln in der Schale kochen, schälen und noch warm durchs Passevite treiben.

Mehl und Eier beifügen und gut durchkneten, mit dem Tomatenmark würzen.

Diese Masse in 7-8 Portionen aufteilen und Rollen von 2 cm Durchmesser formen. Mit Mehl bestäuben, 1 1/2 cm lange Stücke abschneiden, über die Spitze einer Essgabel rollen, in kochendem Salzwasser 5 Minuten pochieren und abschütten.

Rahm wenig einkochen und mit zerkleinertem Käse unter ständigem Rühren auf schwacher Hitze binden.

Die Nocken darin 2 Minuten heiss werden lassen. Auf sehr heissen Tellern servieren.

Anmerkung:
 Das frische Tomatenmark kann durch Konservenmark ersetzt werden.

Getränk: Feiner Merlot vom Sopraceneri.

CHABIS- UND SCHAFFLEISCH-EINTOPF

Urner  Rezept

Zahlreiche Urner Spezialitäten ergaben sich aus dem Rhythmus, der das Gebirgsdasein prägte. So auch dieser Eintopf; er erschien im Herbst nach dem Alpabzug regelmässig auf den Tischen der Bergbauern und versöhnte sie mit den langen, kargen Wochen, in denen sie sich mit bescheidenen und eintönigen Mahlzeiten begnügt hatten. Die «Chilbizeit» brachte ihnen eine Reihe von Festen mit Tänzen und währschaften Mahlzeiten, die mit einem italienischen Rotwein, dem «Borgomanero», begossen wurden.

Für 5 Personen
Zubereitungszeit: 1 1/2 Stunden

900 g	Schafschulter oder Schlegelfleisch ohne Knochen, in 20 Würfeln von 45 g
0,5 dl	Oel
	Salz, Pfeffer und Muskat
150 g	Zwiebeln, grob gewürfelt
600 g	Weisskohl, grob gewürfelt
3 dl	Rindfleischbrühe
1	Knoblauchzehe
1	Zweiglein Majoran
600 g	Kartoffeln, in grosse Würfel geschnitten

Zubereitung:

Das Fleisch in der Bratpfanne rundum schön anbraten und würzen.

Das Fett in eine passende Casserole abschütten und die Zwiebeln darin glasig dämpfen.

Kohl, Knoblauch und Majoran kurz mitdämpfen, Fleisch dazugeben, abschmecken, mit Fleischbrühe auffüllen und zugedeckt etwa 30 Minuten schmoren.

Die Kartoffeln wenn nötig mit etwas Flüssigkeit weitere 10-15 Minuten garen.

In einer tiefen Schüssel anrichten.

Getränk: St. Galler Pinot, Salvagnin der Lavaux oder, nach Tradition, «Borgomanero».

RINDSCHMORBRATEN «BÜRGLEN»

Urner Rezept

Bürglen steht im Zeichen Wilhelm Tells; hier bewundern wir sein Geburtshaus und eine Gedenkkapelle, die uns den schweizerischen Nationalhelden in Erinnerung rufen. Er soll es gewagt haben, dem habsburgischen Landvogt Gessler zu trotzen — ob dieses Ereignis tatsächlich stattgefunden hat, gehört zu jenen Fragen, die die Geschichte wohl nie klären wird.

Für 5 Personen
Zubereitungszeit: 1 1/2 Stunden

```
1 kg   Rindfleisch, weisses Stück
       vom Vorschlag, «Aiguillette»
       oder «Baronne»
 50 g  Schweineschmalz
  8 dl Rindfleischbrühe
  1    Zwiebel, gespickt mit Nelken
3/4    Zitronenschale, einige
       schwarze Pfefferkörner,
       zerquetscht, Salz
 30 g  Mehl
  5 dl Weisswein
 20 g  Butter
```

Zubereitung:

Das Fleisch in 5 grosse Scheiben schneiden, leicht klopfen und würzen.

In Schmalz beidseitig heiss anbraten und mit Weisswein ablöschen.

Zwiebel, 2 Zitronenschalenstücke und Pfefferkörner dazugeben, mit Fleischbrühe auffüllen und zugedeckt etwa 1 Stunde im Ofen garen.

Fleisch anrichten, die Sauce mit in Wasser angerührtem Mehl binden, etwas einkochen und abschmecken.

Den Rest der Zitronenschalen in feine Streifen schneiden, in Butter kurz dämpfen und den Braten damit garnieren.

Anmerkung:

Mit «Rispor» servieren.

RISPOR

Für 5 Personen
Zubereitungszeit: 30 Minuten

```
200 g  Lauch, in 5 mm dicke
       Scheiben geschnitten
 60 g  Butter
300 g  Reis (Patna)
  1 l  Rindfleischbrühe
 50 g  Sbrinz, gerieben
       Salz und Pfeffer
 50 g  Butter (zum Bräunen)
```

Zubereitung:

Lauch in Butter glasig dämpfen. Reis in Butter anziehen, mit heisser Fleischbrühe auffüllen, würzen und zugedeckt 20 Minuten bei schwacher Hitze kochen und 5 Minuten zugedeckt ruhen lassen, Lauch daruntermischen, anrichten, mit Käse bestreuen und mit der leicht gebräunten Butter begiessen.

LUZERNER KÜGELIPASTETE

Luzerner Rezept

Für 5 Personen
Zubereitungszeit: 1 3/4 Stunden

- 400 g   Blätterteig
-         SAUCE
- 60 g   Butter
- 60 g   Zwiebeln, fein gehackt
- 1   Knoblauchzehe, fein gehackt
- 10 g   Petersilie, gehackt
          wenig abgeriebene Zitrone
- 40 g   Mehl
- 2 dl   Weisswein
- 3 dl   Kalbsknochenbrühe
          Salz und Pfeffer
          FÜLLUNG
- 50 g   Butter
- 50 g   Zwiebeln, fein gehackt
- 10 g   Petersilie, fein gehackt
- 200 g   Schweinefleisch (Huft), in kleine Würfel geschnitten
- 200 g   Kalbfleisch (kleine Nuss), in kleine Würfel geschnitten
- 200 g   Kalbs- und Schweinsbrät (kleine Kügelchen), pochiert
- 1 dl   Rotwein
- 80 g   Rosinen, eingeweicht
- 100 g   frische Champignons, geviertelt
- 2 dl   Rahm
- 100 g   Kochäpfel, in kleine Würfelchen geschnitten
          Salz und Pfeffer

Zubereitung:

Blätterteigpastete für 5 Personen oder fünf einzelne Pasteten backen.

SAUCE

Zwiebeln, Knoblauch, Petersilie und Zitrone in Butter glasig dämpfen, Mehl beifügen, gut mischen. Mit Weisswein und Kalbsbrühe zu einer dicklichen Sauce rühren, würzen und etwa 20 Minuten kochen lassen.

Die Sauce mit der Füllung, den Brätkügelchen und den Apfelwürfelchen mischen und abschmecken. Wenn nötig etwas einkochen, in die vorgewärmten Pasteten füllen und die übrige Füllung separat servieren.

FÜLLUNG

Zwiebeln in Butter glasig dämpfen. Kalb- und Schweinefleisch, Petersilie und Champignons kurz mitdämpfen und mit Rotwein ablöschen. Die abgetropften Rosinen und den Rahm beifügen und etwa 30 Minuten simmern lassen.

Getränk: Luzerner Riesling-Sylvaner oder Dorin der La Côte.

KALBSHAXEN MIT KURPFLAUMEN

Aargauer  Rezept

Als berühmtester Vertreter der Kalbshaxen, die in allen Landesteilen zubereitet werden, gilt zweifellos der Tessiner «Ossobucco». Die Aargauer Version fällt durch die Verwendung von Karotten und Zwetschgen auf, zwei Hauptprodukte der einheimischen Landwirtschaft; eine ungewöhnliche Verbindung, die eine überraschend harmonische Einheit ergibt.

Für 3-4 Personen
Zubereitungszeit: 2 Stunden

1	Kalbshaxe
100 g	getrocknete Kurpflaumen
100 g	Karotten, in Streifen geschnitten
100 g	Perlzwiebeln
1 dl	trockener Weisswein
	Salz und Pfeffer
60 g	Röstgemüse
50 g	konzentriertes Tomatenmark
2 dl	Bratensauce
	Oel
60 g	Butter
20 g	Petersilie, gehackt

Zubereitung:

Kalbshaxe in Oel rundum schön anbraten, würzen, Röstgemüse dazugeben und auf schwachem Feuer glasig dämpfen.

Mit dem Tomatenmark 5 Minuten schmoren, mit Weisswein ablöschen und kurz einkochen.

Bratensauce dazugiessen und etwa 40 Minuten simmern lassen.

Die eingeweichten Kurpflaumen ca. 10 Minuten im Sirup köcheln.

Perlzwiebeln und Karotten in Butter glasieren und knackig dämpfen.

Die Haxe anrichten, Bratensaft sieben und abschmecken, darübergiessen. Mit Kurpflaumen, Perlzwiebeln und Karotten garnieren und Petersilie bestreuen.

Anmerkung:

Für dieses Gericht eignen sich ebenfalls geschnittene Haxenportionen.

Als Beilage: Gemüseplatte mit Kartoffelkroketten.

Getränk: Zürcher Pinot.

KALBSBRATEN MIT «CRÈVE-À-FOUS»

Walliser  Rezept

Für 5 Personen
Zubereitungszeit: 1 3/4 Stunden

900 g	Kalbsunterspälte oder Schulter
0,5 l	Fendant oder Johannisberg
0,5 dl	Oel
150 g	Röstgemüse
1	Zweiglein Majoran
600 g	weisse Rüben, in 3-4 mm dicke Scheiben geschnitten
600 g	Kartoffeln, in 3-4 mm dicke Scheiben geschnitten
150 g	Alpkäse, gerieben
50 g	Butter
	Salz und Pfeffer

Zubereitung:

Das Fleisch würzen, im Ofen in einem Bratgeschirr in Oel 20-30 Minuten nicht zu heiss Farbe nehmen lassen.

Mit Röstgemüse und Majoran sachte weiterschmoren. Nach 15 Minuten das Fett abgiessen, mit Wein ablöschen und den Braten unter fleissigem Begiessen weitere 20-30 Minuten glasieren.

Nochmals Wein dazugiessen und glasieren, bis das Fleisch gar ist. Aus dem Saft heben und warm stellen, den Saft sieben.

Kartoffeln und Rüben separat blanchieren. Lagenweise in einer gut gebutterten Gratinplatte anrichten, würzen und mit Käse bestreuen.

Wenig Blanchierwasser und Weisswein dazugiessen und bei 180°C im Ofen 20 Minuten garen. Das Gemüse soll knackig bleiben.

Den aufgeschnittenen Kalbsbraten mit Bratensaft überzogen heiss anrichten und zum Kartoffel- und Rübengratin mit dem phantasievollen Namen «Crève-à-Fous» servieren.

Anmerkung:
Als Beilage passt ein grüner oder ein Randensalat.

Getränk: Dôle.

KALBFLEISCHVÖGEL

Tessiner Rezept

Salbei und Speck verleihen dem etwas faden Kalbfleisch die notwendige Würze und kommen der Vorliebe der Tessiner für pikante Speisen entgegen.

Für 5 Personen
Zubereitungszeit: 1 Stunde

10	Kalbsschnitzel von 70 g, geklopft
80 g	Parmesan oder Sbrinz, gerieben
10	Salbeiblätter
10	feine Scheiben geräucherter Magerspeck
100 g	Butter
	Salz und Pfeffer
1 dl	Bratensauce
1 dl	Rotwein (wenn möglich Merlot)
1 dl	Rahm

Zubereitung:

Schnitzel auslegen, würzen und mit 60 g Käse bestreuen.

Darauf je ein Salbeiblatt und eine Scheibe Speck geben, sorgfältig einrollen und das Ende mit einem Holzzahnstocher fixieren. Die Rollen rundum schön anbraten, mit Wein ablöschen, mit Bratensauce auffüllen und auf schwachem Feuer etwa 15-20 Minuten schmoren.

Das Fleisch in einer Gratinplatte anrichten, Sauce sieben und mit Rahm aufkochen, abschmecken und die Hälfte über das Fleisch giessen.

Mit dem restlichen Käse bestreuen, mit wenig Butter beträufeln und im Salamander überbacken. Die übrige Sauce wird separat aufgetragen.

Dazu passt ein Risotto (siehe Rezept).

Getränk: Tessiner Merlot.

FONDUE

Das Fondue gilt als das Symbol schweizerischer Kochkunst schlechthin und hat in der ganzen Welt begeisterte Anhänger gefunden. Zu unserem Erstaunen findet sich bereits bei Homer im 11. Gesang der Ilias ein Gericht aus geriebenem Ziegenkäse, Wein von Pramnos und Weissmehl. Ein Vorfahre unseres Fondues? Die Vermutung liegt nahe. In seiner Lehre über die Tafelfreuden, der «Physiologie des Geschmacks», glaubt Jean-Anthelme Brillat-Savarin dem Fondue endgültig auf die Spur gekommen zu sein: «Das Fondue stammt aus der Schweiz. Es besteht lediglich aus Rühreiern mit Käse, die in einem von Erfahrung und Brauchtum bestimmten Verhältnis miteinander vermischt werden». Offensichtlich war ihm ein Fondue vorgesetzt worden, das höchstens eine entfernte Ähnlichkeit mit jener Speise besitzt, die oft als das Schweizer Nationalgericht betrachtet wird und die bei richtiger Zubereitung für eine gehobene Stimmung der beteiligten Tafelrunde bürgt. Noch heute werden unter der Bezeichnung Fondue alle nur denkbaren Mischungen gebraut, die nicht unbedingt in kulinarischen Meisterwerken gipfeln. Die vorliegenden Rezepte hingegen sind nicht skurrile Einfälle erfindungsreicher Köche, sondern das Vermächtnis zahlreicher Generationen.

Für 4 Personen
Zubereitungszeit: 25 Minuten

350 g	Greyerzer, gerieben
350 g	Emmentaler, gerieben
1	Knoblauchzehe
3-4 dl	Weisswein (aus der betreffenden Region)
0,2 dl	Kirsch
10-20 g	Kartoffelmehl oder Maisstärke frisch gemahlener Pfeffer wenig Muskat
600 g	Brot, in 2-3 cm grosse Würfel geschnitten oder von Hand gebrochen

Zubereitung:
Das Fonduegeschirr mit Knoblauch ausreiben, Weisswein darin erwärmen, Käse beifügen und unter ständigem Rühren (mit einem Holzlöffel) bis zum Siedepunkt erhitzen. Mit Kirsch angerührte Maisstärke darunterziehen, würzen und auf einem Rechaud mit regulierbarer Flamme (Gas oder Sprit) auftragen. Die Brotwürfel einzeln an eine spezielle Fonduegabel stecken, damit im sachte kochenden Fondue rühren und nacheinander verspeisen. Das Fondue muss stets auf dem Siedepunkt gehalten werden.

Anmerkung:
Ein Fondue soll sämig aussehen und weder zu dick noch zu dünn sein, damit es die Brotwürfel gut überzieht.
Rechaud, Fonduegeschirr und Fonduegabeln sind im Käseladen oder in Haushaltgeschäften erhältlich.

Getränk: Schwarztee oder trockener Weisswein wie Fendant, Dorin oder Perlan.

VARIANTEN ZUM THEMA FONDUE

Greyerzer Fondue
Wird mit verschiedenen Sorten rezentem und mildem Greyerzer-Käse und etwas Apfelbranntwein zubereitet.

Fondue «halb und halb»
Halb Greyerzer-Käse und halb in kleine Würfel geschnittenen Freiburger Vacherin verwenden.

Walliser Fondue
Wird mit Raclettekäse, dem fein schmelzenden Walliser Käse, zubereitet. Kirsch kann durch Zwetschgenbranntwein ersetzt werden.

Neuenburger Fondue
Besteht aus je einem Drittel Greyerzer, Emmentaler und Freiburger Vacherin.

Ostschweizer Fondue
Mit Appenzeller Vollfettkäse zubereiten, Weisswein durch Apfelwein ersetzen. Apfelbranntwein und wenig Zitronensaft dazugeben.

Fondue mit Tomaten
Wie Walliser Fondue zubereiten. Anstatt Weisswein pro Person 1/4 dl Tomatenmark berechnen, mit in Weisswein angerührter Maisstärke binden. Mit Kartoffeln statt Brot.

Vacherin-Fondue
Ausschliesslich Freiburger Vacherin verwenden und den Weisswein durch Wasser ersetzen. Dieses Fondue darf nicht kochen, sondern wird auf einem Kerzenrechaud gut warm serviert.

RACLETTE

Walliser Rezept

Dem Raclette begegnen wir heute vorwiegend in den Carnotzets von Restaurants und Hotels, jenen zu rustikalen Wirtsstuben ausgebauten Kellergewölben, die in den letzten Jahren überall entstanden sind. Der Ursprung dieses einzigartigen Gerichtes ist im Wallis, bei den Älplerfesten früherer Zeiten, zu suchen.

Wer je das Vergnügen eines Raclette-Essens unter freiem Himmel, mit dem Geläute der Kuhglocken und den Klängen einer Volksmusikgruppe genossen hat, wird sich gerne am Kaminfeuer und unter Freunden an diese gemütliche Atmosphäre erinnern.

Für ein gutes Raclette eignen sich ausschliesslich Walliserkäse und einige andere Käsesorten aus den Bergregionen.

Es wird auf einem besonderen Raclette-Ofen oder am Holzfeuer zubereitet.

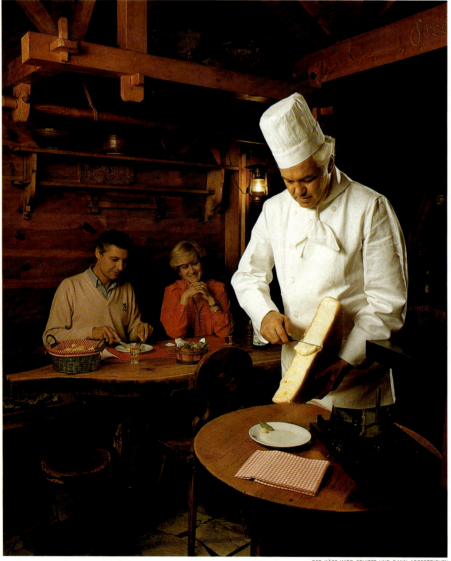
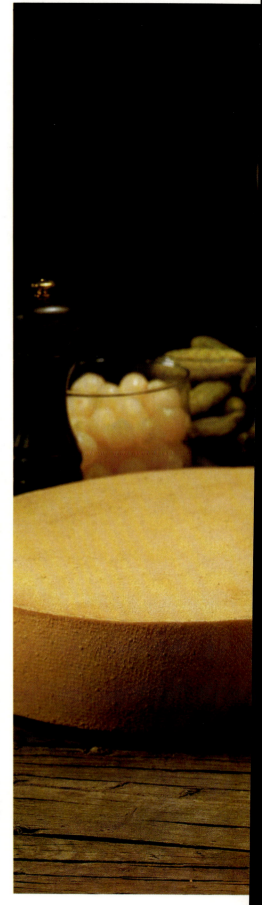

DER KÄSE WIRD ERHITZT UND DANN ABGESTRICHEN

Süss-Speisen und Gebäck

116 GENFER BIRNENKUCHEN
117 ZÜRCHER PFARRHAUSTORTE

118 ENGADINER NUSSTORTE
119 HOLUNDERTORTE

120 KIRSCHENTORTE
121 HEFEKUCHEN MIT SULTANINEN

122 RÜEBLITORTE
123 HEFEKUCHEN «VULLY»

125 MAISKUCHEN MIT ÄPFELN UND ROSINEN
PUDDING MIT APRIKOSEN

126 ST. GALLER KLOSTERTORTE
127 APFELKUCHEN

129 SOLOTHURNER HASELNUSSTORTE

130 BLÄTTERTEIGGEBÄCK MIT MANDELN UND ZWETSCHGEN
131 POLENTA MIT SULTANINEN

132 MARONISOUFFLÉ

133 BIRNENKRAPFEN

134 ST. GALLER KIRSCHENKRAPFEN
135 PFIRSICH IN MERLOT UND MARSALA
«SII»

136 ZUGER KIRSCHTORTE

138 BIBERFLADEN MIT HONIG
139 BIRNENHONIGKUCHEN
«TAILLAULE»
AUS NEUENBURG

141 LEBKUCHEN
142 EMMENTALER BUTTERZOPF
WALLISER SAFRANBROT

143 KLEINGEBÄCK
AUFLAUFKRAPFEN
RIGISPITZEN
144 SCHAFFHAUSER ZÜNGLI
BASLER LÄCKERLI
KLEINGEBÄCK
HYPOKRAS

145 BADENER ANISKRÄBELI
BRICELETS
BUTTERTEIGKONFEKT

147 SCHOKOLADEN-DESSERTS

147 BIRCHERMÜESLI,
MERINGUE
UND VERMICELLES

149 SORBET MIT MARC

149 WEISSWEINZABAIONE

GENFER BIRNEN-KUCHEN

Genfer  Rezept

1602 wehrten die Genfer in der Nacht vom 11. zum 12. September einen Überraschungsangriff der savoyischen Truppen unter Herzog Karl-Emanuel I. ab. Er hatte einen Plan ausgeheckt, wonach seine Soldaten mit den Leitern über die Stadtmauern eindringen und die schlafende Bevölkerung überrumpeln sollten. Die Gedenkfeier der «Escalade» wird jedes Jahr festlich begangen, wobei regionalen Delikatessen wie dem Birnenkuchen ein Ehrenplatz eingeräumt wird.

Für 6-8 Personen
Zubereitungszeit: 1 Stunde

300 g	geriebener Teig oder Blätterteig
20 g	Mehl
30 g	Zucker wenig Zimtpulver
8	Kompottbirnen, geschält, halbiert und in feine Scheiben geschnitten
100 g	Zitronat und Orangeat zu gleichen Teilen, fein gewürfelt
100 g	Rosinen
1 dl	Weisswein
0,25 dl	Nussöl
40 g	brauner Rohrzucker oder Kandiszucker
1 dl	Rahm

Zubereitung:

Ein gebuttertes Kuchenblech von 24 cm Durchmesser mit Teig auslegen und mit der Gabel stupfen.

Zucker, Mehl und Zimt verrühren und auf den Teigboden streuen.

Birnen, Orangeat, Zitronat, Rosinen und Nussöl mischen und darauf verteilen. Mit Wein (je nach der Menge des ausgetretenen Birnensaftes 1 dl oder weniger) befeuchten, Rahm darübergiessen und mit Zucker bestreuen.

Während 30-35 Minuten bei 220°C im Ofen backen.

Noch lauwarm auf ein Gitter heben.

Getränk: ein Walliser Dessertwein (Malvoisie).

ZÜRCHER PFARRHAUS-TORTE

Zürcher Rezept

ALTER ZÜRCHER WOHNRAUM

Für 8-10 Personen
Zubereitungszeit: 1 1/4 Stunden

	TEIG
200 g	Mehl
70 g	Butter
1	Prise Salz
1 dl	Wasser
	einige Tropfen Essig
	FÜLLUNG
150 g	Mandeln oder Haselnüsse, gerieben
1	Ei
	wenig Zimt
50 g	Zucker
100 g	Äpfel, geschält, entkernt und gerieben
800 g	Äpfel, geschält und halbiert
100 g	Himbeerkonfitüre

Zubereitung:

Mehl, Butter, Salz, Wasser und Essig zu einem geriebenen Teig verarbeiten und ruhen lassen.

Ein Kuchenblech von 24 cm Durchmesser damit auslegen und stupfen.

Nüsse, Ei, Zimt, Zucker und geriebene Äpfel mischen und auf den Teigboden verteilen.

Die halbierten Äpfel oben mehrmals tief einschneiden und mit der Schnittfläche nach unten auf der Füllung anordnen.

Mit der Hälfte der Konfitüre bestreichen, die Torte bei 200°C rund 10 Minuten backen, die Äpfel mit der restlichen Konfitüre nochmals bestreichen und 10-15 Minuten fertig backen.

ENGADINER NUSSTORTE

Bündner Rezept

Die legendäre «Tuorta de Nusch Engiadinaisa» hat wesentlich zum Ruhm mehrerer Generationen von Bündner Patissiers beigetragen, die ihre sorgfältig gehüteten Rezepte vom Vater auf den Sohn übertrugen. Die Pest zwang im Mittelalter einen Teil dieser Bergbevölkerung auszuwandern, vor allem nach Venedig, wo mancher Bündner mit der Herstellung von Süsswaren zu Geld und Ansehen kam. Noch heute betreiben Bündner in aller Welt höchst erfolgreiche Konditoreien.

Für 16 Personen (2 Torten)
Zubereitungszeit: 1 1/4 Stunden

	MÜRBETEIG
700 g	Mehl
250 g	Zucker
300 g	Butter
2	Eier
1	Eigelb
1	Eigelb zum Bestreichen
1	Prise Salz
1/2	Zitrone, abgerieben
	FÜLLUNG
450 g	Zucker
3 dl	Rahm
30 g	Bienenhonig
450 g	Baumnusskerne, halbiert

Zubereitung:

Mehl, Zucker und Butter von Hand zerreiben.

Die ganzen Eier, 1 Eigelb, abgeriebene Zitronenschale und Salz dazugeben und vermischen.

2/3 des Teiges in zwei gebutterte Springformen von 20 cm Durchmesser auslegen und stupfen.

Die Füllung bis auf 3/4 der Formhöhe darauf verteilen, den restlichen Teig darüberlegen, mit Eigelb bestreichen, und mit einer Gabel Längs- und Querstreifen auf den Deckel zeichnen. Bei 200° rund 25 Minuten im Ofen backen.

FÜLLUNG

Den Zucker ohne Wasser hellblond karamelisieren, den Rahm dazugeben und aufkochen.

Honig und Nüsse darunterziehen.

Die Masse auf einem Marmortisch oder einer Platte leicht auskühlen lassen und noch lauwarm auf die Teigböden verteilen.

Anmerkung:

Die Nusstorte vor dem Servieren 24 Stunden ruhen lassen.

HÄUSER IN EINEM ENGADINER DORF

HOLUNDER-TORTE

Berner  Rezept

Für 8-10 Personen
Zubereitungszeit: 1 1/4 Stunden

2,5 dl	Holdersirup
25 g	Maisstärke
80 g	Haselnüsse, gerieben
2 dl	Schlagrahm, leicht gezuckert
1	Eigelb
	GERIEBENER TEIG
250 g	Mehl
125 g	Butter
1	Ei
5 g	Salz
0,5 dl	Wasser

Zubereitung:

Eine Springform mit der Hälfte des Teigs auslegen, einen niederen Rand hochziehen und stupfen.

Den Holundersirup mit Maisstärke binden, aufkochen und 15 Minuten leicht eindicken lassen.

Nach dem Erkalten auf den mit Haselnüssen bestreuten Kuchenboden giessen.

Den Rand mit Eigelb bepinseln, die Torte mit dem restlichen Teig decken und Rand gut andrücken.

Mit Eigelb bestreichen, mit der Gabel ein Gittermuster aufzeichnen und im Ofen 50 Minuten bei 180°C backen.

Lauwarm servieren, leicht gezuckerten Schlagrahm dazu reichen.

EHEMALIGES BERNER BAUERNGUT, HEUTE EIN LANDGASTHOF

KIRSCHEN-
TORTE

Basler Rezept

Der römische Feldherr Lucullus, der seiner Nachwelt nicht als General, sondern als Feinschmecker in Erinnerung blieb, soll die ersten Kirschbäume in unsere Breitengrade gebracht haben, und zwar nach der Eroberung von Caesarontus, einer griechischen Provinz am Pontus Euxinus. In der Schweiz wächst eine Fülle von Kirschbäumen, insbesondere im Baselland, dessen schwarze Kirschen den inländischen Markt beherrschen.

Für 12-15 Personen
Zubereitungszeit: 1 1/2 Stunden

500 g	Milchbrötchen
2 dl	Milch
120 g	Butter
200 g	Zucker
7	Eigelb
100 g	Mandeln und Haselnüsse, fein gerieben
7	Eiweiss, steif
	wenig Zimtpulver
10 g	Backpulver
900 g	schwarze Kirschen, entsteint
20 g	Mehl
100 g	Biskuitbrösel (Schrabs)

Zubereitung:

Brötchen mindestens 2 Stunden in Milch einlegen.
Butter und Zucker schaumig rühren, Eigelb nach und nach dazugeben.
Mehl, Mandeln und Haselnüsse beifügen.
Die gut ausgedrückten Brötchen, Zimt, Backpulver und die Hälfte des Schrabs gut unter die Masse arbeiten und mit den Kirschen mischen, zuletzt das steife Eiweiss darunterheben.
Restlichen Schrabs in eine gebutterte Springform von 24 cm Durchmesser geben, die Kirschenmasse 3-4 cm hoch einfüllen und das Ganze bei 180°C 40-50 Minuten backen.
Mit einer Stricknadel kontrollieren, ob die Torte gut durchgebacken ist.
(Vor dem Backen die Springform mit Backpapier auskleiden und buttern, da die Masse leicht kleben bleibt).

Anmerkung:

Die Kirschentorte wurde früher oft in einer Pfanne gebraten, daher der Name «Pfannenkuchen».

HEFEKUCHEN
mit
SULTANINEN

Glarner Rezept

Für 8-10 Personen
Zubereitungszeit: 1 1/4 Stunden

200 g	Butter
200 g	Zucker
5 g	Zimtpulver
1	Prise Salz
25 cl	Kirsch
2	Eier
400 g	Mehl
25 g	frische Hefe
0,5 dl	Milch
0,5 dl	Wasser
150 g	Sultaninen
1	Ei zum Bestreichen

Zubereitung:

Butter und Zucker schaumig rühren, Zimt, Salz, Kirsch und Eier kräftig dazuarbeiten.

Nacheinander Mehl, in Milch aufgelöste Hefe, Wasser und Sultaninen darunterziehen und zu einer festen Masse schlagen.

In einer gebutterten Springform an einem warmen Ort zugedeckt eine Stunde gehen lassen.

Mit Ei bestreichen und bei 180°C 40 Minuten backen, auskühlen lassen.

Vor dem Servieren in Alufolie oder Fettpapier eingewickelt zwei Tage im Kühlschrank aufbewahren.

WILHELM TELL, SCHWEIZER NATIONALHELD

Anmerkung:
Diese nach einem alten Rezept zubereitete Winterspezialität wurde früher nach dem Backen zwei Tage lang an die Kälte gestellt.

RÜEBLI-TORTE

Aargauer Rezept

Der Gemüseanbau hat die Entwicklung der Konservenindustrie im Kanton Aargau entscheidend beeinflusst. Der Karotte kam dabei dank ihrer Vielseitigkeit, die sie sogar für Süssspeisen geeignet macht, besondere Bedeutung zu. Die Rüeblitorte gehört zu jenen klassischen Lekkerbissen, die weit über die Landesgrenzen hinaus bekannt sind.

Angeblich schmeckt diese Torte zwei Tage nach dem Backen besser als frisch; sie entfaltet in dieser Zeit ihr volles Aroma, ohne auszutrocknen.

Zubereitungszeit: 1 1/2 Stunden

5	Eigelb
300 g	Zucker
2	Zitronen, abgerieben
300 g	ungeschälte Mandeln, gerieben
300 g	Karotten, geschält und fein gerieben
75 g	Maisstärke
1	Prise Zimtpulver
1	Prise Gewürznelken
10 g	Backpulver
	eine Prise Salz
5	Eiweiss, steif
30 g	Aprikosengelee und wenig Staubzucker
1	Zitrone (Saft)
0,5 dl	Kirsch

Zubereitung:

Zitronen und Zucker mischen, mit Eigelb schaumig schlagen, Karotten und Mandeln dazugeben.

Maisstärke, Zimt, Gewürznelken und Backpulver darunterrühren, mit Kirsch parfümieren und den Eischnee sorgfältig darunterziehen.

In einer gebutterten Springform von 24 cm Durchmesser und mindestens 5 cm Höhe 60 Minuten bei 180°C backen.

Nach dem Auskühlen Aprikosengelee auf die Torte streichen, mit einer Glasur aus Staubzucker und Zitronensaft überziehen, als Garnitur kleine Marzipankarotten verwenden.

Der Staubzucker lässt sich nach Wunsch durch Fondant ersetzen.

HEFEKUCHEN «VULLY»

Freiburger Rezept

In den malerischen Rebbergen des Mont Vully zwischen dem Murten- und dem Neuenburgersee gedeiht ein Wein, der vielleicht nicht an die Spitzenweine des Waadtlandes heranreicht, aber dennoch als leichte, spritzige Sorte regen Zuspruch findet. Die Kantone Freiburg und Waadt teilen sich nicht nur in diese geographische Einheit, sondern auch in die Ehre, als Heimat dieses Rezepts gelten zu dürfen. Früher, als der Backofen nicht jeden Tag eingeheizt wurde, war die Zubereitung dieses Hefekuchens ein festliches Ereignis.

WIRTSHAUSSCHILD AUS DEM VULLY (19. JHD.)

Für 12 Personen
Zubereitungszeit: 1 1/4 Stunden

300 g	Mehl, gesiebt
10 g	frische Hefe oder lyophilisiert
40 g	Butter, zerlassen
2,5 dl	Milch
5 g	Salz
40 g	Griesszucker
2 dl	Rahm
100 g	Kandiszuckerwürfelchen
40 g	Butterflocken

Zubereitung:

Milch, Hefe, Butter, Salz, Zucker und Mehl zu einem leichten Hefeteig schlagen und 1 Stunde ruhen lassen.

In zwei gebutterte Springformen von 20 cm Durchmesser aufteilen, stupfen und mit einem Tuch zugedeckt an der Wärme gehen lassen. (Der Teig soll rund 2 cm aufgehen).

Rahm und Butterflocken darüber verteilen und mit Kandiszucker bestreuen.

Bei 200° 25 Minuten im Ofen backen, kalt servieren.

MAISKUCHEN MIT ÄPFELN UND ROSINEN

Waadtländer Rezept

Der Mais oder «Türkenweizen» stammt ungeachtet seines Übernamens angeblich aus Lateinamerika. Seit die Archäologen jedoch im Sarg einer Mumie Weizenkörner gefunden haben, wird das älteste Anbaugebiet in Afrika vermutet.

Für 8 Personen
Zubereitungszeit: 1 Stunde

90 g	*Maisgriess*
25 g	*sehr feiner Griess oder insgesamt 115 g Maisgriess*
50 g	*Rosinen, in Wasser eingeweicht und abgetropft*
5 dl	*Milch*
0,5 dl	*Rahm*
1	*Prise Salz*
100 g	*Zucker*
30 g	*Butter*
1	*Zitrone, abgerieben*
4	*Äpfel, wenig Zimtzucker*

Zubereitung:

Milch, Salz, Zucker, Butter und abgeriebene Zitronenschale zusammen aufkochen, Mais und Griess langsam einrühren, 20 Minuten bei sehr schwacher Hitze unter häufigem Rühren simmern lassen.

Rosinen dazugeben und mit Rahm gut mischen.

Den Boden einer Springform von 24 cm Durchmesser mit Pergamentpapier gut auskleiden, den Rand buttern und die Masse einfüllen.

Wie einen Apfelkuchen mit feinen Apfelschnitzen belegen, Zimtzucker darüber streuen und bei 170°C während 45 Minuten im Ofen backen.

Anmerkung:

Warm oder kalt servieren. Nach Wunsch Äpfel durch Birnen ersetzen.

Getränk: Kaffee, Tee oder Most.

PUDDING MIT APRIKOSEN

Walliser  Rezept

Für 8-10 Personen
Zubereitungszeit: 40 Minuten

750 g	*Aprikosen, gut ausgereift, frisch oder tiefgekühlt*
1,5 dl	*Rahm*
10 g	*Vanillezucker*
4	*Eier*
120 g	*Zucker*
1	*Prise Salz*

Zubereitung:

Die gewaschenen Aprikosen halbieren und entsteinen, mit der Rundung nach oben in einer gebutterten Gratinplatte in zwei Schichten aneinanderreihen, zwischen den Lagen leicht zuckern.

Eier, Zucker, Salz, Vanillezucker und Rahm zu einem Guss verrühren und über die Aprikosen giessen.

Im Ofen bei 180°C im Wasserbad 30-40 Minuten pochieren, mit Staubzucker bestäuben und in der Platte auftragen.

Anmerkung:

Lauwarm oder kalt mit etwas Schlagrahm servieren.

ST. GALLER KLOSTER-TORTE

St. Galler Rezept

St. Gallen verdankt seinen Namen einem irischen Mönch; er gründete das Kloster, das sich als Geburtszelle dieser Stadt erweisen sollte, und dessen Spuren bis ins Jahr 614 zurückführen. Dieses Kloster übte einen beträchtlichen Einfluss auf die städtische Bevölkerung aus, die sich erst im 14. Jahrhundert aus dieser Vormundschaft befreite. Waren die St. Galler auch nicht immer mit ihren geistlichen Herren zufrieden, so übernahmen sie doch einige Annehmlichkeiten wie dieses Tortenrezept — ein Beweis dafür, dass das kulinarische Raffinement der Mönche nicht bloss eine Legende ist.

Für 8-12 Personen
Zubereitungszeit: 1 Stunde

150 g	Butter
100 g	Zucker
100 g	Mandeln, ungeschält, gerieben
20 g	Kakaopulver
5 g	Zimtpulver
10 g	Backpulver
300 g	Mehl, gesiebt
0,5 dl	Milch
200 g	rote Johannisbeerkonfitüre
1	Eigelb, verquirlt

Zubereitung:

Butter mit Zucker schaumig rühren.

Nacheinander Mandeln, Kakao, Zimt, Backpulver, Mehl und Milch dazurühren, bis sich die Masse von der Schüssel löst.

Den Teig zugedeckt während 30 Minuten im Kühlschrank ruhen lassen.

Eine gebutterte und bestäubte Springform von 24-25 cm Durchmesser mit 3/4 des Teiges inklusive Rand auslegen.

Boden mit Konfitüre bestreichen.

Den Rest des Teiges ausrollen, mit einem Teigrädlein Streifen schneiden und in Gitterform schräg auf die Konfitüre legen.

Am Rand gut andrücken, mit Eigelb bestreichen und bei 180°C während 45 Minuten backen.

Kalt servieren.

APFEL-KUCHEN

Thurgauer Rezept

Ganze Wälder von Obstbäumen bedecken die runden Hügel und sanften Täler des Kantons Thurgau; ein bezaubernder Anblick, wenn sich im Frühling die Obstgärten in ein Blütenmeer verwandeln. Die Äpfel machen einen hohen Prozentsatz der angebauten Obstarten aus. Sie finden nicht nur als Most Verwendung, auf den die Einheimischen zu Recht stolz sind, sondern auch in Form von Desserts und Kuchen

REICH VERZIERTE FASSADE EINES RESTAURANTS IN ERMATINGEN (THURGAU)

wie diese schmackhafte Spezialität, die auf den Tischen der Thurgauer häufig anzutreffen ist.

Für 8 Personen
Zubereitungszeit: 1 Stunde

125 g	Butter
125 g	Zucker
2	Eigelb
1/2	Zitrone (Saft)
200 g	Mehl
5 g	Backpulver
2	Eiweiss, steif
500 g	Äpfel
60 g	Zucker

Zubereitung:

Butter und Zucker schaumig rühren. Eigelb und Zitronensaft dazugeben. Mit Mehl und Backpulver mischen, Eiweiss darunterziehen. Die Masse in eine gebutterte, bestäubte Springform von 24 cm Durchmesser verteilen.

Die geschälten Äpfel längs halbieren, und die Rundung fein einschneiden, so dass die Frucht noch zusammenhält. Diese Seite leicht zuckern und mit der Schnittfläche nach unten leicht in die Masse drücken. Im vorgeheizten Ofen bei 180°C etwa 40 Minuten backen.

SOLOTHURNER HASELNUSSTORTE

Solothurner Rezept

Die sogenannte Ambassadorenstadt Solothurn unterhielt über zwei Jahrhunderte lang freundschaftliche Beziehungen zu Frankreich, ohne jemals ihre Unabhängigkeit aufzugeben. Dass sie das «savoir-vivre» ihrer grossen Nachbarin auf die Kochkunst zu übertragen wusste, beweist dieses Rezept.

Für 8 Personen
Zubereitungszeit: 1 1/2 Stunden

	TORTENBODEN UND DECKEL
3	Eiweiss
100 g	Zucker
100 g	Haselnüsse, fein gerieben
20 g	Maisstärke
	BUTTERCREME
150 g	Butter
120 g	Staubzucker
50 g	Haselnüsse, geröstet und fein gerieben
	BISKUITMASSE
150 g	Butter
150 g	Zucker
3	Eigelb
100 g	Mehl
20 g	Maisstärke
50 g	Haselnüsse gut geröstet, fein gerieben
3	Eiweiss, steif

Zubereitung:

Teigboden und Deckel: Eiweiss steif schlagen, nach und nach Zucker, Nüsse und Maisstärke beifügen.

Auf einem gebutterten, mit Mehl bestäubten Blech zwei Kreise von 22 cm Durchmesser aufzeichnen. Mit einem Dressiersack mit Lochtülle von der Mitte aus bis zum Kreisrand 1/2 cm dicke Spiralen spritzen, bei 160°C während 12-15 Minuten backen, noch warm vom Blech lösen und auf einem Gitter auskühlen lassen.

BISKUITMASSE

Butter und Zucker schaumig schlagen, nach und nach Eigelb dazurühren. Mehl, Maisstärke und Nüsse vermischt dazugeben und den steif geschlagenen Eischnee sorgfältig darunterheben. In einer Springform von 22 cm Durchmesser bei 160-170°C während 20 Minuten backen und auskühlen.

Den Tortenboden mit einer feinen Schicht Creme überziehen, die gebackene Biskuitmasse aufsetzen, die Oberfläche einschliesslich Rand mit Buttercreme bestreichen, den Deckel aufsetzen und die Seiten mit Nüssen bestreuen. Zuletzt Staubzucker auf den Deckel stäuben.

ZEITGLOCKENTURM IN SOLOTHURN

BLÄTTERTEIGGEBÄCK MIT MANDELN UND ZWETSCHGEN

Glarner Rezept

Für 6-12 Personen
Zubereitungszeit: 1 1/4 Stunden

800 g	Blätterteig
2	Eigelb
60 g	Staubzucker mit wenig Zimt
	MANDELFÜLLUNG
200 g	Mandeln, geschält und gerieben
200 g	Zucker
1	Eigelb
50 g	Butter, flüssig
1/2	Zitrone, abgeriebene Schale und Saft
	ZWETSCHGENFÜLLUNG
250 g	getrocknete Zwetschgen, eingeweicht und püriert
150 g	Zwetschgenkonfitüre, püriert
100 g	Zucker
	wenig Zimt und Nelkenpulver

Zubereitung:

Den Teig ausrollen und mit einer Schablone 12 Böden und 12 Deckel von 10 cm Seitenlänge ausschneiden.

6 Böden bis auf einen Rand von 6 mm mit Mandelfüllung belegen.

Auf die restlichen Böden Zwetschgenfüllung geben, die Ränder mit Ei bestreichen, Deckel aufsetzen und den Rand mit einer Gabel gut andrücken. Das Gebäck mit Eigelb bepinseln und im Ofen bei 180-190°C während 20-30 Minuten backen.

Kurz vor dem Servieren das Mandelgebäck mit Staubzucker, das Zwetschgengebäck mit Zimt-Staubzucker bestäuben.

Getränk: Tee.

POLENTA MIT SULTANINEN

Bündner  Rezept

HAUS IM GRAUBÜNDEN

Für 5-6 Personen
Zubereitungszeit: 45 Minuten

350 g	feiner Mais, zu Polenta gekocht, lauwarm
60 g	Zucker
30 g	Sultaninen
30 g	Rosinen
1	Prise Salz
2 dl	Rahm
50 g	Butter
15 g	Maisstärke

Zubereitung:

In einer Schüssel die Polenta mit Zukker, Sultaninen, Rosinen, Salz und Maisstärke gut mischen, 1 1/2 dl Rahm kräftig darunterrühren.

Die Butter zerlassen und den Boden einer Gratinplatte damit überziehen.

Die Polentamasse darauf verteilen, glattstreichen, mit einem Messer nicht zu tief gitterförmig einschneiden und den restlichen Rahm darübergiessen.

25-30 Minuten im Ofen bei 200°C backen, die Oberfläche leicht braun werden lassen.

Heiss oder lauwarm mit frischem Kompott servieren.

Anmerkung:
Eignet sich ausgezeichnet als Ferien-Frühstück.

Getränk: Tee oder Kaffee.

MARONISOUFFLÉ

Tessiner Rezept

Für 5 Personen
Zubereitungszeit: 1 Stunde

250 g	getrocknete Kastanien
3 dl	Milch
85 g	Zucker
10 g	Vanillezucker
50 g	Butter
0,5 dl	Grappa
3	Eigelb
4	Eiweiss, steif
	wenig Butter und Zucker
	für die Soufflé-Form
	Puderzucker zum Dekorieren

Zubereitung:
Kastanien 12 Stunden in kaltem Wasser einweichen, abtropfen, in Milch 20 Minuten köcheln und pürieren. Weiche Butter, Zucker, Vanillezucker und Grappa gut daruntermischen, Eigelb nach und nach dazugeben.

Eischnee sachte darunterziehen, in die gebutterte, gezuckerte Form einfüllen und bei 180-190°C im Ofen 40 Minuten aufgehen lassen. Sofort servieren, nach Wunsch etwas Schlagrahm dazu reichen.

Anmerkung:
Getrocknete Kastanien entwickeln mehr Geschmack als frische und sind deshalb vorzuziehen.

Getränk: Apfelwein.

BIRNENKRAPFEN

Unterwaldner Rezept

In den vergangenen Jahrzehnten sind im Kanton Nidwalden zahlreiche Mostbirnbäume vernichtet worden, die einst die Täler vor dem Wind schützten und den Vögeln als Zufluchtsort dienten. Die Liebe zu den Birnenkrapfen jedoch, einem typischen und noch heute weit verbreiteten Fastnachtsgebäck, blieb erhalten.

Für 20 Personen
Zubereitungszeit: 1 1/4 Stunden

- 1 kg geriebener Teig
- 1 kg Trockenbirnen und gedörrte Apfelschnitze, einige Stunden eingeweicht
- 100 g getrocknete Kastanien, einige Stunden eingeweicht
- 80 g Rosinen
- 80 g Baumnusskerne, gehackt
- 5 g Zimtpulver
- je 1 Prise Anis und Korianderpulver
- 1 dl Kirsch
- 100 g Zucker
- 1 Ei, verquirlt
- Oel für Fritüre

Zubereitung:

Den ausgerollten Teig in Rechtecke von 10 × 16 cm schneiden.

Früchte und Kastanien in Wasser kochen und im Passevite pürieren.

Die restlichen Zutaten bis auf das Ei daruntermischen. Die Masse auf die Hälfte der Rechtecke verteilen, den Rand mit Ei bestreichen, mit den restlichen Rechtecken decken und den Rand gut andrücken.

Kurz ruhen lassen und nicht zu heiss goldbraun fritieren.

Die Krapfen in mit wenig Anis aromatisiertem Zucker wenden.

Getränk: Birnenmost.

ST. GALLER KIRSCHENKRAPFEN

St. Galler Rezept

Für diesen Leckerbissen wird eine feste, fleischige Kirsche verwendet, zum Beispiel die Schweizer Sorte Bigarreau.

Für 4-5 Personen
Zubereitungszeit: 1 Stunde

	BACKTEIG
1/2	Eigelb
150 g	Mehl
1	Prise Salz
20 g	Oel
1,5 dl	Milch
1,5	Eiweiss, steif
300 g	Kirschen mit Stiel
100 g	Griesszucker mit wenig Zimt vermischt
	Oel für Fritüre

Zubereitung:

Eigelb, Mehl, Salz, Oel und Milch zu einem dicklichen Teig rühren, 40 Minuten zugedeckt ruhen lassen und den Eischnee sorgfältig darunterheben. Die gut getrockneten Kirschen am Stiel durch den Teig ziehen und bei höchstens 160-170°C goldbraun fritieren.

Gut abtropfen lassen und im Zimtzucker wenden.

Warm auftragen, eine mit Kirsch aromatisierte Vanillesauce dazu servieren.

Getränk: Kirsch.

PFIRSICH IN MERLOT UND MARSALA

Tessiner Rezept

Für 5 Personen
Zubereitungszeit: 15 Minuten

5	rohe Pfirsiche, geschält, entsteint und in 8 Schnitze geteilt
60 g	Zucker
2 dl	Tessiner Merlot
1 dl	Marsala
1	Gewürznelke einige Tropfen Zitronen oder Orangensaft

Zubereitung:

Pfirsichschnitze in den verrührten Zutaten 2 Stunden im Kühlschrank marinieren lassen. Gewürznelke herausnehmen, die Früchte in tiefen Tellern margeritenförmig anrichten und mit Marinade begiessen. Nach Wunsch Löffelbiskuits dazu reichen.

«SII»

Walliser Rezept

Für 10-15 Personen
Zubereitungszeit: 30 Minuten
+ Einweichzeit

1	Roggenbrot, gut gelagert (700 g)
7 dl	Dôle (Walliser Rotwein)
200 g	Rosinen, trocken oder eingeweicht
2 dl	Holdersirup, warm (45°)
40 g	Butter, flüssig
3 dl	Schlagrahm, gezuckert

Zubereitung:

Das Brot in feine Scheiben schneiden und 5-6 Stunden in Rotwein einweichen.
Zu einem geschmeidigen Teig pürieren, mit Holdersirup, Rosinen und Butter gut vermischen und erkalten lassen.
In Coupegläser anrichten, den leicht geschlagenen Rahm dazu reichen oder die Süssspeise damit garnieren.

ZUGER KIRSCHTORTE

Zuger Rezept

Die Zuger halten ihren Kirsch für den besten Kirsch der Welt. Wer von dieser Torte gekostet hat, die wie die Sachertorte in alle fünf Kontinente exportiert wird, stimmt ihnen nicht ungern zu.

Für 10-12 Personen
Zubereitungszeit: 1 Stunde

	Tortenbiskuit von 24 cm Durchmesser, 3 cm dick
400 g	Buttercreme
0,5 dl	Zuger Kirsch
2	Japonaisböden von 24 cm Durchmesser
50 g	Staubzucker
	SIRUP
1 dl	Zuckersirup (27° Baumé) aus 1 dl Wasser und 100 g Zucker
1 dl	Zuger Kirsch
	JAPONAISBÖDEN
2	Eiweiss
40 g	Haselnüsse, geröstet und gerieben
60 g	Zucker
10 g	Mehl

Zubereitung:

150 g mit Kirsch parfümierte und nach Wunsch rosa gefärbte Buttercreme auf den ersten Japonaisboden verteilen, das Tortenbiskuit leicht darauf andrücken.

Mit Hilfe eines Pinsels mit mehr oder weniger Kirschsirup tränken.

Rand und Biskuit mit Buttercreme bedecken, den zweiten Japonaisboden aufsetzen und nochmals mit Buttercreme bestreichen.

Reichlich Puderzucker darüberstreuen und mit dem Messer ein Rautenmuster aufzeichnen.

Eventuell mit Kirschen garnieren.

JAPONAISBÖDEN (30 Minuten)
Eiweiss steif schlagen, Zucker nach und nach dazugeben.

Nüsse und Mehl sorgfältig mit einem Holzspachtel darunterziehen.

Auf einem gebutterten und bemehlten Backblech mit einem Dressiersack mit mittlerer Tülle zwei Böden von 24 cm Durchmesser aufzeichnen.

Im Ofen bei 160-170°C während 15 Minuten backen, noch warm vom Blech lösen und auf einem Gitter auskühlen lassen.

HAUSFASSADE IN ZUG

BIBER-FLADEN MIT HONIG

Appenzeller  Rezept

Dieser Honigkuchen, ein unverkennbares Erzeugnis der herzhaften Appenzeller Küche, wird wie die berühmten dreieckigen «Biberli» hauptsächlich zum Jahresende gebacken und verdankt wie diese sein kräftiges Aroma der Verbindung von Honig und Gewürzen. Das Rezept erinnert an die «Bacheschnitte», die die «Landsgemeinde» und den «Funkensonntag» versüssen, an letzterem wird ein Frühlingsfes gefeiert, an dem der böse Geist des Winters mit einem Feuer vertrieben wird.

Für 8-10 Personen
Zubereitungszeit: 1 Stunde

200 g	Honig, halbflüssig
200 g	Zucker
500 g	Halbweissmehl
20 g	Butter
1 dl	Milch
1	Ei
15 g	Backpulver
1	Prise Zimtpulver
10 g	Gewürznelkenpulver
	wenig Muskat und Kardamom

Zubereitung:

Den Honig in einer Schüssel im Wasserbad oder auf schwachem Feuer ganz flüssig werden lassen. Milch und Zucker aufkochen, zum Honig rühren und abkühlen.

In einer zweiten Schüssel das Mehl mit den restlichen Zutaten mischen, Honigmilch dazugeben und zu einem festen Teig verarbeiten.

Die Masse auf einem Kuchenblech von 22-24 cm Durchmesser und 3,5 cm Höhe verteilen, flach drücken, mit Milch bestreichen und mit einer Gabel verzieren. Im Ofen bei 180°C während 30 Minuten backen.

Mit einer Nadel kontrollieren, ob der Fladen ganz durchgebacken ist.

BIRNEN-HONIG-KUCHEN

Luzerner Rezept

Der Lebkuchen ist seit jeher untrennbar mit dem Jahrmarkt verbunden, früher vor allem als beliebtes Geschenk, das der ergebene Verehrer seiner Angebeteten zu überreichen pflegte. Seit dem Mittelalter hat Luzern unter dem Einfluss seiner Patrizier und Kaufleute eine ganze Reihe solcher Köstlichkeiten hervorgebracht.

BLICK AUF EIN TYPISCHES LUZERNER GASTHAUS

Für 10-12 Personen
Zubereitungszeit: 1 1/2 Stunden

4,5 dl	Rahm
3	Zitronen (Saft)
120 g	Birnenkonzentrat oder Trockenbirnenmasse
200 g	Zucker
10 g	Gewürzpulver (Sternanis, Gewürznelke, Zimt und Ingwer)
5 g	Natron
500 g	Vollmehl
150 g	Baumnusskerne, gehackt

Zubereitung:

Rahm einige Minuten mit Zitronensaft ziehen lassen.

Mit Birnenmasse oder Konzentrat, Gewürzpulvermischung, Zucker und Natron mischen, Mehl dazugeben und zu einem geschmeidigen Teig rühren, dann die Nüsse darunter kneten.

In einer gebutterten Springform von 24 cm Durchmesser und 6 cm Höhe im Ofen bei 190°C während 50 Minuten backen.

Kalt servieren.

«TAILLAULE» AUS NEUENBURG

Neuenburger Rezept

Dieses Hefegebäck wurde früher zu Kugeln geformt unmittelbar auf dem Boden des Ofens gebacken, und unterschied sich zweifellos nicht nur in der Form, sondern auch im Geschmack deutlich vom heutigen Cake. Vor dem Backen wurde die Oberfläche mit der Messerspitze oder einer Schere eingeschnitten oder «tailliert»; vermutlich hat diese entfernte Verwandtschaft mit der Schneiderkunst ihr diesen Namen eingetragen.

Für 20 Personen
Zubereitungszeit: 2 Stunden

1 kg	Mehl, gesiebt
2,5 dl	Milch, lauwarm
40 g	frische Hefe
40 g	Aprikosenmarmelade für die Glasur
2	Eier
120 g	Zucker
150 g	weiche Butter
20 g	Malz in Pulver oder Paste
15 g	Salz
250 g	Rosinen
1	Zitrone, abgerieben
1	Ei, verquirlt

Zubereitung:

Hefe in Milch auflösen. Mit Eiern, Zucker, Malz, Salz, Zitronenschale und Mehl zu einem glatten Teig Verarbeiten, die Butter dazukneten, Rosinen beifügen.

In einer Schüssel zugedeckt an einem warmen Ort gehen lassen.

Dann den Teig halbieren und in zwei gebutterte Cakeformen geben, bis zu 3/4 Formhöhe nochmals aufgehen lassen.

Mit Ei pinseln und mit der Schere im Zickzack einschneiden. Bei 200°C im Ofen 25 Minuten backen.

Zuletzt mit Aprikosenmarmelade bestreichen und mit einer Glasur aus Staubzucker und Wasser überziehen. Nach Wunsch mit gehobelten, gerösteten Mandelsplittern bestreuen.

Getränk: Tee oder Kaffee.

LEBKUCHEN

Luzerner Rezept

In Luzern wird kein Nikolaustag ohne Birnenmelassekuchen gefeiert. Dieses Fest des Bischofs von Myra findet alljährlich am 6. Dezember statt. Den Höhepunkt bildet ein Umzug, dem eine gewisse Würde nicht abzusprechen ist: hinter zwei Heralden schreitet Sankt Nikolaus durch die Stadt, begleitet von zwei furchterregenden Schmutzli, die alle unfolgsamen Kinder bestrafen sollen.

Für 10-12 Personen
Zubereitungszeit: 1 1/2 Stunden

2 dl	Rahm
80 g	Birnenmelasse
150 g	Zucker
20 g	Zitronat und Orangeat zu gleichen Teilen, in feine Würfelchen geschnitten
je 1	Prise Gewürzpulver: Anis, Zimt, Salz, Muskat und Gewürznelken
20 g	Backpulver
500 g	Halbweissmehl oder Weissmehl
2 dl	lauwarme Milch
60 g	Birnenmelasse zum Bestreichen

Zubereitung:

Den geschlagenen Rahm mit Melasse, Salz und Gewürzpulver sachte mischen.

Die in Milch aufgelöste Hefe und das Mehl dazugeben und zu einem geschmeidigen Teig rühren.

Zitronat und Orangeat beifügen.

Den Boden einer Springform mit Backfolie auslegen, den Rand gut buttern und den Teig darin im Ofen 40-50 Minuten bei 180°C backen.

Den noch warmen Kuchen mit Birnenmelasse bestreichen.

Getränk: Tee oder Kaffee.

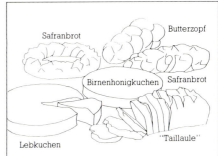

EMMENTALER BUTTERZOPF

Berner  Rezept

Vermutlich weiss im Kanton Bern jedes Kind, wie man einen Teigzopf flicht. Mit Bestimmtheit jedoch thront dieses Gebäck an Sonn- und Feiertagen auf nahezu jedem Berner Tisch und ersetzt in einzelnen Familien sogar das tägliche Brot. Die Zutaten variieren je nach Region, wobei im Emmental besonderes Gewicht auf die Butter gelegt wird.

BERNER TELLER VON 1785

Für 8-10 Personen
Zubereitungszeit: 1 1/2 bis 2 Stunden

3,5 dl	Milch
750 g	Mehl, gesiebt
30 g	frische Hefe
15 g	Salz
1	Ei
2	Eigelb
100 g	weiche Butter

Zubereitung:

Hefe in lauwarmer Milch auflösen, mit Mehl vermischt gut kneten, Eier, Salz und Butter dazugeben und zu einem geschmeidigen Teig schlagen.

An der Wärme zugedeckt während 1 1/2 Stunden aufgehen lassen.

In zwei ungefähr 35 cm lange Rollen formen, zu einem Zopf dressieren und nochmals gehen lassen. Mit Ei bestreichen und 30-35 Minuten bei 190°C backen.

WALLISER SAFRANBROT

Walliser Rezept

Der Safran findet in zahlreichen Walliser Spezialitäten Verwendung, namentlich im Oberwallis und im Lötschental. Ein Söldner aus Mund, der im französischen Heer in Spanien gedient hatte, soll die ersten Zwiebeln dieser aromatischen Pflanze wie Lockenwickler in seiner Perücke verborgen in seine Heimat geschmuggelt haben.

Für 12-15 Personen
Zubereitungszeit: 3 Stunden

200 g	Butter, flüssig
1,2 kg	Mehl
5 dl	Milch, lauwarm
50 g	frische Hefe
	halber Mokkalöffel oder 3 Brieflein Safran
10 g	Salz
1	Ei
300 g	Zucker
30 g	Mandeln, geschält und gerieben der Milch beigefügt
150 g	Rosinen
50 g	gehackte Mandeln

WALLISER TRACHT

Zubereitung:

Hefe in Milch auflösen, mit Mehl und Safran zu einem Vorteig kneten, an der Wärme bis zur doppelten Menge gehen lassen. Dann Ei, Zucker, Salz und die lauwarme Butter mit dem Vorteig gut durchkneten, Mandeln und Rosinen beifügen.

In einer Schüssel zugedeckt an der Wärme nochmals bis zur doppelten Menge gehen lassen. Dann den Teig leicht zusammenwirken und wieder gut zugedeckt aufgehen lassen.

In drei Teile rollen und zu einem Brot formen. Mit Ei bestreichen, nach Belieben mit gehackten Mandeln bestreuen und mit der Schere schuppenartig einschneiden. Erneut 20-30 Minuten an der Wärme aufgehen lassen. Bei 180°C im Ofen 35 Minuten backen.

Anmerkung:

Das Brot kann in Kranzform in einem Kuchenring gebacken werden.

Badener Aniskräbeli   *Basler Läckerli*

KLEINGEBÄCK AUFLAUF- KRAPFEN

Urner Rezept

Für 8-10 Personen
Zubereitungszeit: 1 Stunde

2,5 dl	Milch
1	Prise Salz
100 g	Zucker
200 g	Mehl, gesiebt
5	Eier
60 g	Zucker mit wenig Zimt, eingesottene Butter zum Fritieren

Zubereitung:

Milch, Zucker und Salz aufkochen, Mehl im Sturz einrühren.

Mit einem Holzlöffel rühren, bis sich die Masse vom Kochgeschirr löst, in einer Schüssel auskühlen lassen.

Die Eier nach und nach wie bei einem Brandteig darunterziehen.

Mit einem Dressiersack mit Sterntülle 4 cm lange Würstchen spritzen, mit einer Messerspitze in geklärte Butter geben und allseitig goldbraun backen.

Auf einem Tuch abtropfen lassen und in Zimtzucker wenden.

Anmerkung:

Wird lauwarm auf einer mit Spitzenpapier ausgelegten Platte angerichtet und mit Vanillesauce serviert.

RIGI- SPITZEN

Schwyzer Rezept

FRESKENGEMÄLDE «AUFSTIEG AUF DEN RIGI» IN ARTH (SCHWYZ)

Dieses Schokoladekonfekt erhielt seinen Namen vom legendären Bergstock zwischen Schwyz und Luzern. Im vergangenen Jahrhundert besuchten den Rigi ganze Scharen von Touristen; diese Popularität führte zum Bau mehrerer Hotels und einer Eisenbahnlinie, die der regionalen Wirtschaft mächtigen Auftrieb verlieh.

Für 25-30 Personen
Zubereitungszeit: 2 Stunden

350 g	Butter
350 g	weisser Fondant
700 g	Schokolade-Überzugsmasse mit Vanillegeschmack
0,25 dl	Kirsch
500 g	Nougat, in 2 × 2 cm grosse Böden, geschnitten
800 g	Überzugs-Schokolade

Zubereitung:

Die Schokolade-Überzugsmasse mit Vanillegeschmack im Wasserbad bei nicht über 35°C zergehen lassen.

Butter mit Fondant schaumig rühren, Schokolade unter stetigem Schlagen langsam beifügen und den Kirsch dazugeben.

Mit einem Dressiersack mit Sterntülle 3 cm hohe Spitzen auf die Nougatböden spritzen, während einer Nacht trocknen lassen.

Die feinere Schokolade lauwarm zergehen lassen. Das Konfekt mit der Spitze voran in die Schokolade tauchen und auf einem Gitter abtropfen.

Mit je einem Silberkügelchen dekorieren und trocknen lassen.

Anmerkung:

Fehlt es an Zeit oder Fachpersonal, können die Nougatböden bei einem Konfiseur bestellt werden.

Rigispitzen   Schaffhauser Züngli   Bricelets Butterteigkonfekt

SCHAFFHAUSER ZÜNGLI

Schaffhauser  Rezept

Dieses exquisite Rezept ergibt ein delikates Konfekt, die ideale Begleitung zu Tee oder Kaffee; es macht seinem Namen alle Ehre und schmilzt auf der Zunge wie Schaum.

Für 20-30 Personen
Zubereitungszeit: 1 1/2 Stunden

500 g	Japonais-Masse
500 g	Buttercreme
200 g	brauner Nougat, fein gehackt
	wenig Kakaopulver
	Staubzucker

Zubereitung:

Auf ein gebuttertes, mit Mehl bestäubtes Backblech von der Japonaismasse mit einer ovalen Schablone Züngli aufstreichen, oder mit einem Dressiersack mit Lochtülle Züngli spritzen.

Im Ofen bei 170°C und leicht geöffneter Türe 10 Minuten backen.

Mit einem Spachtel sofort vom Rand lösen und auf dem Drahtgitter erkalten lassen.

Mit Dressiersack und Sterntülle die Hälfte der Züngli mit der mit Nougat vermischten Buttercreme bedecken.

Die restlichen Züngli darauflegen.

Die eine Hälfte des Konfekts mit Kakaopulver, die andere mit Staubzucker garnieren.

Getränk: Tee oder Kaffee.

BASLER LÄCKERLI KLEINGEBÄCK

Basler Rezept

Das Basler Läckerli soll zur Zeit des Basler Konzils (1431-1439) entstanden sein. Damals stellten die Bäcker der Rheinstadt, die ihre Leckereien im alten Imbergässlein feilboten, einen ausgezeichneten Lebkuchen her. Da dieses Gebäck für die vornehmen Kirchenfürsten zu bescheiden schien, schufen sie eine raffiniertere Version, mit der sie die Gunst der geistlichen Herren zu gewinnen trachteten.

Für 7 bis 8 kg Konfekt
Zubereitungszeit: 1 1/2 Stunden

2 kg	Honig, halbflüssig
1 kg	Zucker
375 g	Orangeat, fein gewürfelt
375 g	Zitronat, fein gewürfelt
1,5 kg	Mandeln, geschält und gehackt
2,5 kg	Mehl, gesiebt
15 g	Gewürznelkenpulver
20 g	Zimtpulver
1 dl	Kirsch
20 g	Orangenschale, abgerieben

Zubereitung:

Den Honig im Wasserbad flüssig werden lassen, Mandeln und Zucker beifügen und rühren bis sich der Zucker aufgelöst hat.

Gewürzpulver und Kirsch sowie die Hälfte des Mehls dazumischen.

Mit der abgeriebenen Orangenschale, Zitronat und Orangeat und dem restlichen Mehl zu einem festen, glatten Teig wirken und ruhen lassen. 1 cm dick ausrollen und auf einem gebutterten, mit Mehl bestäubten Blech im Ofen bei 180°C während 15-20 Minuten backen.

Der gebackene Teig wird mit einer Zuckerglasur überzogen (Zuckersirup bis zu 115°C zu Flug kochen) und lauwarm in kleine Vierecke oder Rautenformen geschnitten.

Anmerkung:

Läckerli müssen luftdicht aufbewahrt werden.

«HYPOKRAS»

Basler Rezept

Zubereitungszeit: 15 Minuten

2 l	Rotwein
750 g	Zucker
6	Gewürznelken
5 g	Zimtpulver
5 g	Muskatpulver
1 dl	süsser Weisswein oder Marsala

Zubereitung:

Rotwein, Zucker und Gewürzpulver bis zum Siedepunkt erhitzen, nicht kochen.

Während 3 Tagen ruhen lassen.

Weisswein oder Marsala beifügen, durch ein Mousselinetuch sieben, in Grünglas-Flaschen abfüllen und kühl stellen.

Anmerkung:

Hypokras wird zu Gebäck und Läckerli kredenzt.

BADENER ANIS-KRÄBELI

Aargauer Rezept

In Baden, das lange Zeit unter dem Einfluss der Habsburger stand, wurden drei Friedensverträge unterzeichnet: 1656 zwischen den katholischen und den protestantischen Kantonen nach dem 1. Villmergerkrieg, 1714 zwischen Frankreich und dem Deutschen Reich nach dem Spanischen Erbfolgekrieg, und 1718 zwischen Zürich, Bern und dem Abt von St. Gallen nach dem 2. Villmergerkrieg oder Toggenburgerkrieg. In dieser historisch bedeutsamen Stadt wurden ebenfalls die Glaubensartikel verfasst, die das Verhältnis zwischen Kirche und Staat regelten.

Für 30 Personen
Zubereitungszeit: 2 1/2 Stunden

500 g	Staubzucker
6	Eier
0,7 dl	Wasser
650 g	Weissmehl, gesiebt
1	Prise Salz
1/2	Zitrone, abgerieben und Saft
35 g	Anis

Zubereitung:

Eier, Zucker, Wasser, abgeriebene Zitrone, Saft und Salz im Wasserbad bei 40-45°C wie eine Weinschaummasse aufschlagen. Anis beifügen, nach und nach Mehl dazu mischen und 45 Minuten ruhen lassen.

Fingerdicke Rollen formen, in 5 cm lange Stücke schneiden, hufeisenförmig biegen, die gerundete Aussenseite 3-4 mal schräg einschneiden.

Auf ein gebuttertes und mit Mehl bestäubtes Backblech setzen und bei Zimmertemperatur über Nacht mindestens 12 Stunden ruhen lassen.

Bei schwacher Unterhitze 15-20 Minuten backen.

Anmerkung:
Die Kräbeli sollen unten kleine Füsschen bilden und hellgelb bleiben; sie sind längere Zeit haltbar.

Getränk: Tee oder Kaffee.

BRICELETS BUTTERTEIGKONFEKT

Freiburger Rezept

An der «Bénichon» finden wir als kulinarisches Vermächtnis des Kantons Freiburg neben den «Bricelets» die «Cuchaule» (Hefegebäck mit Safran), einen besonderen, mit Weisswein, Birnen und Gewürzen vermischten Senf, Kartoffelkroketten, Anisbrötchen, «Beignets» (fritierte Küchlein) und Cuquettes» (Fladen aus einer Art Rahmblätterteig). Allein die Bretzeleisen, von denen das Greyerzer Museum in Bulle eine wundervolle Sammlung besitzt, verdienen unsere Bewunderung.

Für 40-60 Personen
Zubereitungszeit: 30 Minuten, sowie ruhen lassen des Teiges

1 l	Doppelrahm
4 dl	Wasser
1 dl	Weisswein
600 g	Zucker
1	Prise Salz
50 g	Butter, zerlassen
700 g	Weissmehl, gesiebt
0,5 dl	Kirsch
1	Zitrone, abgerieben und Saft

ANTIKE BRETZELEISEN

Zubereitung:
Alle Zutaten ausser dem Mehl gut mischen, das Mehl nach und nach dazurühren, 2 Stunden ruhen lassen.
Auf einem Bricelet-Eisen backen.

Anmerkung:
Die gebackenen Bricelets können noch warm auf einem Kochlöffel aufgerollt, halbrund in Ziegelform oder flach zubereitet werden.

SCHOKOLADEN-DESSERTS

Die weltberühmte Schweizer Schokolade wird von den Konfiseuren und Patissiers unter anderem in Form von hellen und dunklen Überzugsmassen erster und zweiter Qualität, Gjanduja-Füllungen oder Glasuren verwendet. Die zahlreichen Rezepte auf dem Sektor Süssspeisen und Schokoladeartikel sind den Fachleuten in aller Welt bekannt. Zu diesen Köstlichkeiten gehören die heute sehr beliebte Schokoladenmousse mit dem leicht bitteren Geschmack, das Trüffelbiskuit, das mit einer feinen Schoko-Trüffelmasse gefüllt und mit ungezuckertem Kakaopulver bestäubt wird, oder Brandteigspezialitäten wie Windbeutel mit einer Rahmfüllung und Schokoladenüberzug, und glasierte Eclairs, die mit einer Schokoladencreme gefüllt sind.

BIRCHERMÜESLI, MERINGUE UND VERMICELLES

Verschiedene Schweizer Kantone

Zubereitungszeit: 20-30 Minuten

Zubereitung:

Diese in allen Landesteilen beliebten Speisen werden vor allem als süsse Zwischenmahlzeit geschätzt.

— *Das Birchermüesli* wurde nach Dr. Bircher benannt, einem Arzt, der sein Wissen über gesunde Ernährung mit der Vorliebe für gutes Essen zu verbinden wusste. Als Grundlage für dieses Mus, das sehr luftig sein soll, dienen Haferflocken: Sie werden 20 Minuten in Milch eingeweicht, nach Wunsch mit Joghurt angereichert, mit geriebenen Haselnüssen oder gehackten Baumnusskernen und einem geriebenen Apfel vermischt und mit Saisonfrüchten wie Erdbeeren, Himbeeren, Zwetschgen oder Aprikosen garniert.

— *Die Meringue,* zwei mit Schlagrahm gefüllte Schalen, wird je nach Tradition verschieden gross serviert.

— *Vermicelles* besteht aus Kastanienpüree: Mit Zucker, Vanille und nach Wunsch etwas Kirsch aromatisieren, mit einer Vermicelles-Spritze auf zerbröckelten Meringueschalen oder Vanilleglace anrichten und mit Schlagrahm garnieren.

SÜSS-SPEISEN UND GEBÄCK

SORBET MIT MARC

Neuenburger Rezept

Dieses Sorbet erinnert uns daran, dass der Kanton Neuenburg über umfangreiche Weinbaugebiete verfügt. Die ersten Rebstöcke wurden im Jahr 950 von den Mönchen der alten Abtei von Bevaix gepflanzt. Aus ihrem Wein gewinnen die Neuenburger einen Marc, der die Verdauung auch in Form eines Desserts anregt.

Für 8-10 Personen
Zubereitungszeit: 30 Minuten

5 dl	Wasser
300 g	Zucker
1,5 dl	Zitronensaft wenig abgeriebene Schale
1 dl	Neuenburger Marc
1	Eiweiss
200 g	frische Traubenbeeren, geschält und in Marc mariniert

Zubereitung:

Aus Wasser und Zucker einen Sirup zubereiten und erkalten lassen.

Zitronensaft- und Schale dazugeben und mit dem Marc in der Glacemaschine zu einer cremigen Masse rühren, das leicht geschlagene Eiweiss darunterheben und fertig rühren.

Sorbet mit dem Dressiersack oder Glacelöffel in Gläser oder Sektschalen anrichten.

Mit Trauben garnieren und mit Marinade übergiessen.

Anmerkung:

Für dieses Sorbet eignet sich vor allem ein junger, heller Marc.

JAHRHUNDERTEALTE GEWÖLBE EINES WEINKELLERS

WEISSWEIN-ZABAIONE

Tessiner Rezept

Obschon dieses Rezept aus dem südlichen Nachbarland stammt, haben die Tessiner den Zabaione zu ihrem Lieblingsdessert auserkoren. Vielleicht, weil er angeblich müde Männer munter macht? Zumindest fehlt es in diesem sonnigen Gebiet nicht an Wein; tatsächlich stand der Kanton Tessin unter den schweizerischen Weinproduzenten an erster Stelle, bevor die Reblaus im 19. Jahrhundert verheerende Schäden verursachte.

Für 5 Personen
Zubereitungszeit: 30 Minuten

5	frische Eier
100 g	Zucker
2 dl	trockener Weisswein ev. etwas Marsala

Zubereitung:

Eier und Zucker mit der Hälfte der Flüssigkeit in einer Chromstahl- oder Pyrexschüssel im Wasserbad bei 45-50°C aufschlagen.

Die restliche Flüssigkeit nach und nach einrühren, bis der Schaum steht.

Heiss oder warm in vorgewärmte Schalen oder Gläser abfüllen und sofort servieren, Löffelbiskuits dazu reichen.

Anmerkung:

Die Flüssigkeit kann durch Merlot ersetzt werden.

Einheimische Produkte

In der Schweiz wird eine derartige Fülle von kulinarischen Produkten angebaut, gezüchtet oder zubereitet, dass jeder Versuch, eine vollständige Liste typischer Lebensmittel zusammenzustellen, notwendigerweise in ein gastronomisches Wörterbuch ausarten müsste.

Manche dieser Produkte haben internationale Berühmtheit erlangt. Dazu gehören Fische wie Egli, Forellen, Saiblinge oder Felchen, die nirgendwo so gut gedeihen wie in den einheimischen Gewässern; Wurstwaren in verwirrender Vielfalt; schmackhafte, knusprige Brote in allen möglichen Formen; Weine der verschiedensten Geschmacksrichtungen, die selbst dem verwöhntesten Gaumen schmeicheln; Liköre, wie jener Birnenlikör, der eine gastronomische Weltreise unternommen hat; Schokolade von so ausgezeichneter Qualität, dass der Ausdruck «gute Schweizer Schokolade» an Pleonasmus grenzt; und schliesslich eine reichhaltige Auswahl an Käsesorten, um die uns das Ausland beneidet und die es gelegentlich nachzuahmen versucht.

Frankreich geniesst den Ruf, einen Käse für jeden Tag des Jahres herzustellen. Ob wohl in der Schweiz ein Käse für jeden Einwohner existiert?

Waadtländerbrot

Bündner Roggenkranz

Solothurnerbrot

Freiburger Rüa-Brot

Tessinerbrot

Zürcherbrot

Bauernbrot *Walliserbrot*

Schaffhauserbrot

Baslerbrot

Bernerbrot

Jurabrot

St. Gallerbrot

Genferbrot

Luzernerbrot

Reblochon

Jurassischer «Tête de Moine»

Alpkäse

Freiburger «Vacherin»

Sérac

Schabzieger

rezenter Greyerzer

Waadtländer «Vacherin Mont-d'Or»

milder Greyerzer

Genfer «Longeole»   *Waadtländer «Saucisson»*

Streichwurst

«Boutefas»

EINHEIMISCHE PRODUKTE

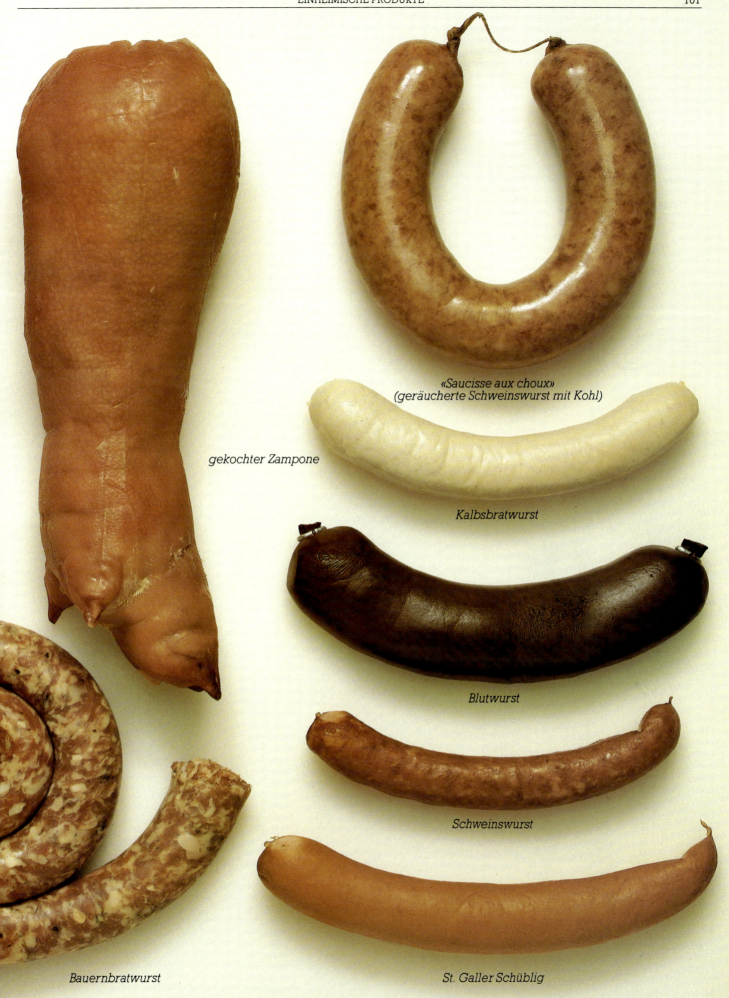

gekochter Zampone

«Saucisse aux choux»
(geräucherte Schweinswurst mit Kohl)

Kalbsbratwurst

Blutwurst

Schweinswurst

Bauernbratwurst

St. Galler Schüblig

EINHEIMISCHE PRODUKTE

roher Zampone

Salamis

Cervelat

Salametti

Nostrano

Landjäger

Basler Schützenwurst

Salamelle

Coteghino

EINHEIMISCHE PRODUKTE

Felchen

Bachsaibling

Salm

Egli

Seesaibling

Lachsforelle

Regenbogenforelle

Hecht

EINHEIMISCHE PRODUKTE

EINHEIMISCHE PRODUKTE

Aepfel
Aprikosen
Birnen
Brombeeren
Dörrpflaumen
Edelkastanien
Erdbeeren
Feigen
Haselnüsse
Heidelbeeren
Himbeeren
rote Johannisbeeren
schwarze Johannisbeeren
Kaki
Kirschen
Kiwifrüchte
Melonen
Mirabellen
Nektarinen
Pfirsiche
Pflaumen
Quitten
Reineclauden
Rhabarber
Stachelbeeren
Trauben
Walderdbeeren
Walnüsse

EINHEIMISCHE PRODUKTE

Artischocke
Aubergine/Eierfrucht
Blumenkohl
Broccoli
Brüsseler Endivie
Busch- und Stangenbohnen
«Catalogna» (Italienische Zichorie)
roter und grüner Cicorino
Champignon/Zuchtpilz
Cherry Tomate
Chinakohl
Cime di Rapa
Eisbergsalat/Krachsalat
Endivie
Erbse
Essiggurke
Federkohl
Feldsalat/Nüsslisalat
Fenchel
Gurke
Karde
Karotte
Kefen
Knoblauch
Knollensellerie
Kohlrabi
Kopfsalat
Krautstiele/Mangold
Kresse
Kürbis
Lattich
Lauch
Löwenzahn
Meerrettich
Pastinak
Pâtisson/Bischofsmütze
Petersilie
Pfefferschote
Peperoni/Paprika
Portulak
Radieschen
Randen/rote Beete
Rettich
Rosenkohl
Rotkohl
San Marzano Tomate
Schalotte
Schnittlauch
Schnittsalat/Pflücksalat
Sellerieknolle
Sommerwirz
weisse und grüne Spargeln
Schwarzwurzel
Spinat
Spitzkohl
Stachys/Knollenziest
Stangensellerie
Tomate
Topinambur
Weisse Rübe
Weisskohl
Winterwirz
Zuckerhut
Zuckermais
Zucchetti
Zwiebel

EINHEIMISCHE PRODUKTE

St. Galler Spitzen

«Zähringerli» aus Freiburg

Freiburger «Aigle royal»

Luzerner Entli

Luzerner Forellen

Luzerner «Wassertürmli»

Luzerner Dublone

Uhren von La Chaux-de-Fonds

EINHEIMISCHE PRODUKTE

Genfer
«Marmite
de l'Escalade»

«Bouchons vaudois»

Altdorfer Grüessli

Uristier

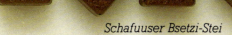chokolade-Pralinen

Schaffhauser Tellbrunnen

Schafuuser Bsetzi-Stei

Schaffhauser Dampfschiff

Tannzapfen (Jura)

Neuenburger «Batz»

Neuenburger «Pendules»

Bienenwaben aus La Chaux-de-Fonds

Chocolat-Brötli
Spezialität der Firma

Berner
Schokolade-Brötli

Neuenburger «Poussenions»

«Heures délicieuses»
aus La Chaux-de-Fonds

«Pavés du Château»
aus Neuenburg

Thurgauer
Mostfässli

Davoser Eichhörnli   Davoser Tannzapfen   Bündner Eichhörnli

EINHEIMISCHE PRODUKTE

Berner Brunnen

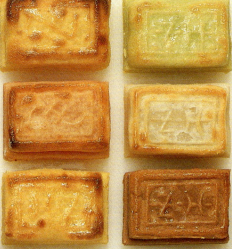
Züri-Läckerli

Zürcher Sechseläuten-Böög

Schoggibärli aus Bern

Assortiment «Chocolats surfins»

Berner Haselnuss-Lebkuchen

Basler «Messmoggen»

Weine und Rebsorten aus dem Wallis

Waadtländer Weine: eine bunte Palette vielfältigen Ursprungs

Produkte aus den Regionen Genf, Neuenburg und Bielersee

Weinbau in der Ostschweiz und im Tessin

EINHEIMISCHE PRODUKTE

Schweizer Liköre und Schnäpse

Landschaftliche Aspekte und traditionelle Gastlichkeit

Gilt die Französische Republik als *unteilbare Einheit*, dürfen wir die Schweizerische Eidgenossenschaft als *mannigfaltige Einheit* bezeichnen.

Mannigfaltig in ihren geographischen Erscheinungsformen, Sprachen und Bräuchen, doch in ihrem eigentlichen Wesen eine *Einheit*. *Mannigfaltig* in ihrer langen geschichtlichen Entwicklung, doch eine Einheit durch ihre Gegenwart.

Der Besucher staunt über die Vielfalt der Landschaften, der Dialekte und Traditionen, und steht gleichzeitig unter dem Eindruck einer verbindenden Kraft, die das Bild eines vielschichtigen, aber unverrückbaren Felsens oder eines facettenreichen Monoliths in ihm heraufbeschwört.

Hier wiegen sich im lieblichen Tal die goldenen Aehren im Wind; dort plätschert in einer Waldlichtung eine geschwätzige Quelle.

Am Horizont erheben sich die mächtigen Firne der Alpen, stolz und schneebedeckt, oder die sanft gerundeten Hügel der bläulich schimmernden Jurakette.

Oder betrachten wir die Grossstadt und ihr geschäftiges Treiben zwischen Marmorfassaden, Bijouterien, Banken und Luxushotels; sie erinnern uns daran, dass dieses Land von allen europäischen Staaten den höchsten Lebensstandard aufweist.

Doch nicht weit von hier drängen sich auf einem schroffen Bergkamm wie die Häuschen eines Spielzeugdorfes die blumengeschmückten Chalets mit ihrem honig- oder caramelfarbenen Getäfel.

Ein Senn steigt von der Alp ins Dorf herab; seine Tracht ist nicht zur Schau gestelltes, überholtes Brauchtum, sondern gelebte, alltägliche Wirklichkeit. Er begegnet einer Bäuerin in feiner Spitzenhaube, und leise und ruhig sprechen sie über die grossen Freuden und kleinen Nöte eines arbeitsreichen Lebens. Der Besucher geht weiter, dem blühenden Ufer eines ruhig dahinströmenden Flusses entlang. Plötzlich verwandelt sich der friedliche Weg in einen steilen Pfad und windet sich einem reissenden Wildbach entlang in die Höhe, um schliesslich in einen von Gletschern gesäumten Talkessel zu münden, dessen mit ewigem Schnee bedeckten Grate sich im tiefen Blau eines Bergsees spiegeln:

Hier überrascht den Wanderer hinter jeder Wegbiegung ein Stück unberührte Natur.

Von der Schönheit der Natur und der reinen, frischen Luft wie berauscht, schreitet der Wanderer in heiterer Gelassenheit aus. Auf ihn wartet eine gemütliche Gaststätte mit bequemen Holzbänken und auf Hochglanz polierten Tischen. Vom langen Fussmarsch hungrig und durstig geworden, wird er sich am knisternden Feuer niederlassen und sich an kühlem Weisswein und an einem einfachen oder raffinierten, auf jeden Fall aber köstlichen und reichhaltigen Mahl stärken.

Man wird ihn auf französisch, deutsch, italienisch oder rätoromanisch oder in einer ihm unverständlichen Mundart willkommen heissen und ihn mit jener Gastfreundschaft empfangen, wie sie seit alters her der Tradition entspricht. Von angenehmen Aussichten beflügelt, strebt der Wanderer ins Tal hinab.

VIERWALDSTÄTTERSEE
UND RÜTLI, DIE WIEGE DER
EIDGENOSSENSCHAFT

«ZUM WILDEN MANN», LUZERN,
EIN TRADITIONSREICHES HOTEL,
DESSEN URSPRUNG AUF DAS
16. JAHRHUNDERT ZURÜCKGEHT

SCHWINGFEST IM GEBIRGE
(GRINDELWALD/BERN)

GASTSTUBE DES HOTELS KREUZ
IN SACHSELN/OBWALDEN
MIT STANDESSCHEIBE AUS
DEM JAHR 1656

ZÜRICH, GRÖSSTE SCHWEIZER
STADT UND BEDEUTENDES
HANDELSZENTRUM

DAS «ZUNFTHAUS ZUR
SCHMIDEN» IN ZÜRICH, SITZ
EINER HANDWERKERZUNFT

DAS SEELAND MIT DEM BIELER-,
DEM NEUENBURGER-
UND DEM MURTENSEE

BERN, DIE LANDESHAUPTSTADT
AUF DER AAREHALBINSEL

DAS RESTAURANT «SONNE»
IN SCHEUNENBERG BEI BIEL,
EINE EHEMALIGE SCHEUNE,
HAT SEINEN LÄNDLICHEN
CHARAKTER BEWAHRT

TRADITIONELLER ALPABZUG
IM GREYERZERLAND/FREIBURG

«LE VIEUX CHALET» IN CRÉSUZ
(FREIBURG)
IN SEINEM RUSTIKALEN DEKOR

BERÜHMTES RESTAURANT
IM «PARC DES EAUX-VIVES»
IN GENF, UMRAHMT VON
GEPFLEGTEN GRÜNANLAGEN

ESSAAL DES «GRAND HÔTEL SUISSE MAJESTIC» IN MONTREUX

MORCOTE (TESSIN), EIN BELIEBTER FERIENORT AM SÜDHANG DES MONTE ARBOSTORA

DAS «GROTTO DEL MULINO» IN MORBIO INFERIORE (TESSIN) UND SEINE EINLADENDEN TISCHE MITTEN IM GRÜNEN

GEMÜTLICHE STIMMUNG IN EINEM TYPISCHEN TESSINER «GROTTO» IN CASTEL SAN PIETRO

DAS WINZERDORF RIVAZ ZWISCHEN LAUSANNE UND VEVEY

«LA SOLIVE», ESSAAL IN DER «AUBERGE DE L'ONDE» IN ST. SAPHORIN BEI VEVEY

SCHLOSS CHILLON IN DER NÄHE VON MONTREUX, SITZ DER «ASSOCIATION DE LA CONFRÉRIE DU GUILLON»

DAS MATTERHORN (4477 m.ü.M.), DER STAR DER SCHWEIZER ALPEN

DAS WALLIS, EIN AUSGEZEICHNETES WEINBAUGEBIET MIT HISTORISCH BEDEUTSAMER VERGANGENHEIT

TRACHTEN ALS ZEUGEN EINER TRADITIONSREICHEN VERGANGENHEIT

APPENZELLER VOLKSMUSIKGRUPPE IM SONNTAGSSTAAT

Graubünden Freiburg (Stadt)

Nidwalden

Basel-Land   Schwyz

Waadt　　　Appenzell

SCHALLPLATTEN MIT SCHWEIZER VOLKSMUSIK

A LA GLOIRE DU COR DES ALPES, Claves CLA DPF 500
ALBUM MUSIQUE SUISSE, Tell 8201-8226 (26 Schallplatten)
AU BON VIEUX TEMPS (Valais), Disques Office DO 55'021
HAPPY DIXIE LÄNDLER (P.S. Corporation und Engadiner Ländlerfreunde), Gold Records 11'097
JODEL ECHO, Evasion LP 105
L'INSTANT DU BONHEUR (Chorale du Brassus), Disques Office DO 55'027
LA CHANSON DE FRIBOURG, Tell TLP 8210
LA POSTA TICINESE, Columbia 13c 062/76'109
LE RHÔNE CHANTE, Evasion EB 100'613
MUSIQUE POPULAIRE APPENZELLOISE (Hans Vollenweider), Swiss Pan 10'006
MUSIQUE POPULAIRE NEUCHÂTELOISE, Tell TLP 8224
ORCHESTRE CHAMPÊTRE «LES DIABLERETS», Columbia 13c 062/76'204
STREICHMUSIK (Familie Alder), Phonag HL 150

WICHTIGSTE INFORMATIONSQUELLEN FÜR SCHWEIZER PRODUKTE

Schweizerische Käseunion AG,
Monbijoustrasse 45, 3001 Bern, Tel. 031/45 33 31
Schweizerische Fachschule für das Metzgereigewerbe «Belvedère»
3700 Spiez, Tel. 033/54 41 81
Schweizerischer Konditor-Confiseurmeisterverband
Nüschelerstrasse 44, 8001 Zürich, Tel. 01/221 13 23
Office des Vins Vaudois
Avenue du Tivoli 58, 1007 Lausanne, Tel. 021/25 04 46
OPAV, Office de Propagande pour les Produits de l'Agriculture Valaisanne
Avenue de la Gare 5, 1950 Sion, Tel. 027/22 22 48
Office des Vins Genevois
Avenue de Miremont 3, 1211 Genf 12, Tel. 022/46 27 35
Office des Vins de Neuchâtel
Rue de l'Hôpital 10, 2000 Neuenburg, Tel. 038/25 71 55
Istituto Agrario Cantonale, Associazione promozione vitivinicola ticinese
6828 Mezzana-Balerna, Tel. 091/43 21 21
Werbekommission für Ostschweizer Weine
8224 Löhningen, Tel. 053/7 14 71
Informations- und Propagandastelle für Bielerseeweine Schafis
2514 Ligerz, Tel. 032/85 11 54
Fachschule Richemont des Schweizerischen Bäcker- und Konditormeisterverbandes
Rigistrasse 28, 6006 Luzern, Tel. 041/51 58 62
Schokoladen und Pralinen
Nestlé Produkte AG, 1800 Vevey, Tel. 021/51 02 11

FOTOGRAFIEN

Allgöwer Otto, Vevey: 32 unten, 36, 127; Breguet/Musée d'Art, Neuenburg: 123; Creux René, Pully: 20, 66; François Claude, Vevey: 25, 55, 212; Germond, Lausanne: 214; Hirt R., Zürich: 80, 142 oben; Imber Walter, 4242 Laufen: 14, 24, 37, 41 oben, 49, 75, 118, 190, 202; Kitamura Kazuyuki, Chexbres: 79, 131, 208; Kronenberg, Worb: 119; Len Sirmann Press, Genf: 41 unten; Maeder Herbert, 9038 Rehetobel: 32 oben, 52, 73, 234; Michellod Dominique, Corsier/Vevey: 39, 44, 65, 71, 74, 94, 98, 121, 122 oben, 129, 137, 139, 143, 150, 186; Musée d'Art et d'Histoire, Genf: 92; Verkehrsbüro St. Gallen: 90, 134; Prêtre Philippe, Corseaux/Vevey:; 22, 28, 62, 102 oben, 112, 130, 145 oben, 192, 196, 200, 206, 210, 218, 222; Rausser Fernand, Bolligen: 53 Rezept, 71 unten, 76, 78-79 Rezept, 102-103 Rezept, 149, 198, 204, 216, 220, 224, 226; Raetisches Museum, Chur: 69; Römermuseum, Augst/Humbert/Vogt: 51; Schulthess Emil, Zürich: 229; Vauthey France, Chardonne: 8, 71 oben; Waldvogel Fred, Uetikon am See: 166; Wolgensinger Michael, Zürich: 142 unten, 194.

INHALTSVERZEICHNIS

Alphüttensuppe, 30
Aniskräbeli, Badener, 145,
Apfelkuchen, 127

Basler Läckerli, 144
Berner Märitsuppe, 42
Bernerplatte, 76
Biberfladen mit Honig, 138
Birchermüesli, 147
Birnenhonigkuchen, 139
Birnenkrapfen, 133
Birnenkuchen, Genfer, 116
Blätterteiggebäck mit Mandeln
und Zwetschgen, 130
Bölletünne, 28
Bricelets, Butterteigkonfekt, 145
Brotwürfel mit Käse, 18
Busecca, 34

Chabis- und Schaffleisch-Eintopf, 103

Eglifilets, drei Arten, 57
Emmentaler Butterzopf, 142
Engelberger Klostersuppe, 41

Fastensuppe, Luzerner, 39
Felchen, marinierte, 53
Felchen mit Kräutern, 44
Felchen nach Luzerner Art, 56
Felchenfilet nach Rorschacher Art, 52
Fischsuppe Stein am Rhein, 48
Fleisch-Eintopf, 68
Fondue, 111
Forelle oder Saibling mit
grünen Trauben, 55
Forellen-Mousse, Jurassische, 46
Försterschnitten aus
dem Entlebuch, 12
«Funggi»-Kartoffeln, 65

Gefüllte Artischocken, 16
Gefüllte Hähnchen mit Perlzwiebeln
und Champignons, 74
Gefüllter Schweinsfuss, 98
Gefüllter Weisskohl
«La Béroche», 94
Gemüsewähen, 29
Geröstete Mehlsuppe, 37
Gerstensuppe, 37
Geschmorte Tauben auf Brot, 66
Gitzichüechli, 73
Glarner Schabziegernocken, 15
Grüne Kräutersuppe, 32

Haselnusstorte, Solothurner, 129
Hefekuchen mit Sultaninen, 121
Hefekuchen «Vully», 123
Hirschkotelett mit
Alpenkräuterschnaps, 91
Holundertorte, 119
Hühnerfrikassee, Genfer, 97
«Hypokras», 144

Kalbfleischvögel, 108
Kalbsbraten mit «Crève-à-Fous», 107
Kalbshaxen mit Kurpflaumen, 106
Kaninchen «Bedrettotal», 78
Kaninchenfilet auf frischen
Steinpilzen, 62
Kardengratin, 71
Kartoffelsuppe, 41
Käseklösse, St. Galler, 90
Käsesuppe, 41
Kirschenkrapfen, St. Galler, 134
Kirschentorte, 120
Kleingebäck Auflaufkrapfen, 143
Klostertorte, 126
Kügelipastete, Luzerner, 105
Kutteln in Most, 80

Lammschlegel gespickt,
marinierte, 88
Lebkuchen, 141

Maiskuchen mit Äpfeln
und Rosinen, 125
Malakoffs Käsekrapfen «Vinzel», 20
Maronisoufflé, 132
Meringue, 147
Milkentopf mit Blätterteig, 64

Nocken mit Gorgonzola, 102
Nusstorte, Engadiner, 118

«**P**apet Vaudois», 61
Pastetchen mit Kaninchenleber, 25
Pfarrhaustorte, Zürcher, 117
Pfirsich in Merlot und Marsala, 135
Pilz- und Käseschnitten, 19
Pilze an grüner Kräutersauce, 71
Polenta mit Sultaninen, 131
Pudding mit Aprikosen, 125

Raclette, 112
Ramequins, 27
Ratsherrenplatte, 84
Reissuppe mit Kastanien, 32
Rheinsalm spezial nach Basler Art, 51
Rigi-Spitzen, 143
Rindfleischbrühe, Schwyzer, 36
Rindschmorbraten «Bürglen», 104
Rindshuftspitz an Salvagnin, 75
Rindsvoressen, mariniertes, 65
Risotto al verde (Spinat-Risotto), 79
Rispor, 104
Rösti nach Zürcher Art, 83
Rösti-Varianten, 83
Rüeblitorte, 122

Safranbrot, Walliser, 142
Saucisson im Teig, 27
Schaffhauser Züngli, 144
Schafsvoressen «Bénichon», 87
Schokoladen-Desserts, 147
Schweinsfrikassee, Genfer, 92
Schweinspfeffer Romoos, 101
Schwyzer Kartoffelnocken, 100
«Sii», 135
Silberfelchenfilet
an Kräuterrahmsauce, 55
Spinatnocken, 24
Spinat-Risotto, 79
Sorbet mit Marc, 149

«**T**aillaule» aus Neuenburg, 139
Tomme paniert, 21
Trockenfleisch, Spargeln, 22

Verzada-Cassola, 69
(Siedfleischeintopf)
Vermicelles, 147

Zabaione, Weisswein-, 149
Zucchettikuchen mit Minze, 14
Zuger Kirschtorte, 136
Zürcher Geschnetzeltes, 83
Zürcher Zunftspiessli, 73
Zwiebelsuppe mit Kümmel und
Brotwürfelchen, 32

NESTLÉ

dankt all jenen, die mit ihrem Fachwissen die Entstehung
des Buches «Kochkunst und Tradition in der Schweiz» ermöglicht haben,

insbesondere dem

INTERNATIONALEN ZENTRUM FÜR HOTELLERIE UND FREMDENVERKEHR, GLION

für seine Unterstützung im kulinarischen Bereich,

namentlich

Bernard Gehri, Direktor; Michel Rochat, Vizedirektor
und Francis Scherly, Direktor «Développement».

Chefköche und Fachlehrer:
Hubert Rossier, Roger Ludi, Jean-Pierre Fawer, Enzo Giacomini,

sowie

Gaston Lagger, Präsident der Société suisse des cuisiniers, Genf
und folgenden Fachleuten für ihre Mithilfe:
Albert Bioley, Bern; Karl Gmünder, Gonten/Appenzell; Walter Gysel, Roggwil/Bern;
Otto Ledermann, Luzern; Armand Montandon, Neuenburg;
Rodolphe Romano, Porrentruy/Jura; Franco Stoffel, Ascona/Tessin

und

René Morand, Hôtelier; André Winckler, Journalist.

Das Buch «Kochkunst und Tradition in der Schweiz» ist eine Idee der Restauration Nestlé AG.

Gestaltung und graphische Realisation: Nestec AG, Vevey
Otto Allgöwer, Dominique Michellod, Palmira Martínez, Pierre Ponnaz.
Fotografie der Rezepte und Produkte: Philippe Prêtre, Corseaux/Vevey; Claude François, Vevey.
Styling: Dominique Michellod, Corsier/Vevey.
Redaktion: Patrice Dard, Paris.
Deutsche Übersetzung: Joseph Ammann, Winterthur; Maya Im Hof-Grolimund, Bern.
Dokumentation und Accessoires: France Vauthey, Chardonne.
Geschirr, Glaswaren und Steingut: Béard AG, Montreux; Baumann AG, Vevey;
Gétaz Romang AG, Vevey; Steiger AG, Lausanne.
Photolithos: Ast & Jakob, Köniz/Bern.
Druck: Imprimeries Réunies AG, Lausanne.
Bucheinband: Mayer & Soutter, Lausanne.

Gedruckt in der Schweiz

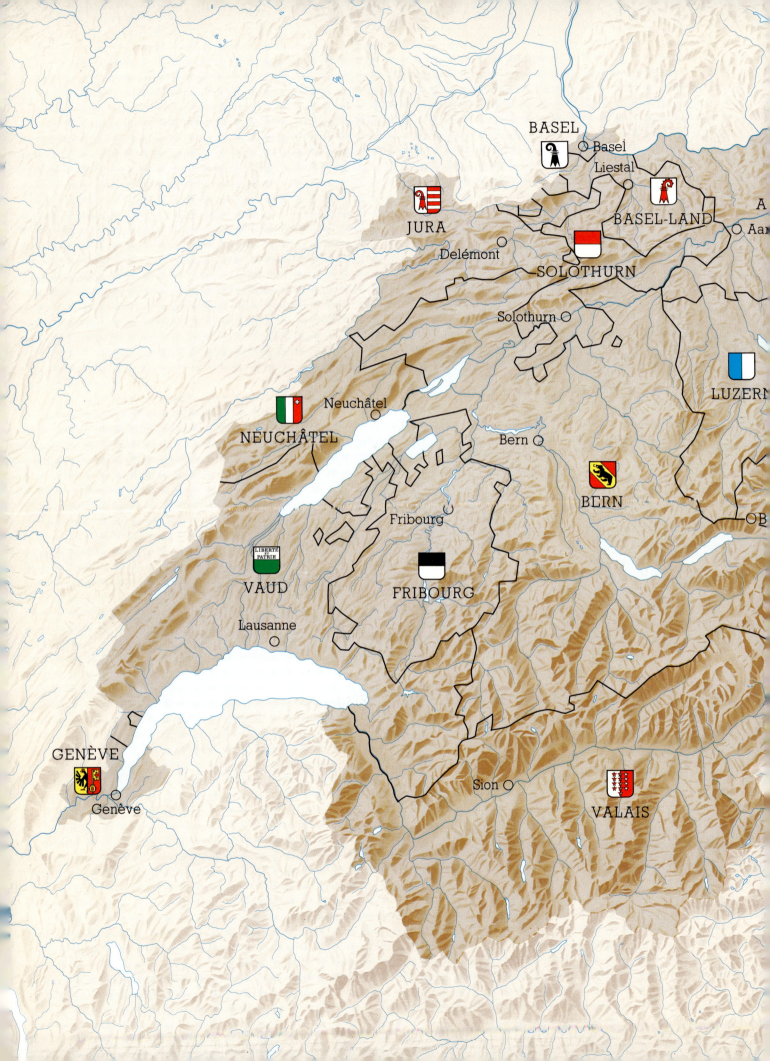